조지 뮬러의 **응답받는 기도**

조지 뮬러의 응답받는 기도

장광수 옮김

청우

차례

머리말 · 7

옮긴이의 글 · 9

1장 | 하나님의 뜻을 확인하는 법 · 13

2장 | 고아원의 시작과 초기 사역 · 19

네 입을 넓게 열라 / 크나 큰 격려 / 1,000파운드의 후원금 /
고아를 보내주소서 / 바로 오늘 / 도움을 기다리기 /
실망을 뛰어 넘어 / 큰 죄인의 회개 / 기도로 이루어진 영적 부흥 /
회계 보고를 보류하다 / 하나님은 신실하시다 /
지연되더라도 꼭 응답되는 기도 /
자상한 보살핌(들어오는 대로 씨가 말라버리는 돈) /
주님을 더 신뢰하라 / 12파운드의 선물 / 중대한 위기 /
소중한 도움의 손길(두 배의 기쁨)

3장 | 새 고아원 · 81

성가시게 조르는 기도 때문에 / 제1 고아원의 건축 /
제2, 제3의 고아원 / 동역자를 위해 매일 세 번씩 기도함 /
기도와 인내로 넘어선 난관들 / 제4, 제5 고아원

4장 | 소중한 기도 응답 · 105

어떤 화가의 첫 수입 / 북풍을 남풍으로 바꾸다 / 고아들의 회심 /
일자리를 구함 / 홍역을 물리침 /
어려운 선교사를 도움(주님의 도움을 받는 일을 얼마나 복된 일인가!) /
중국선교를 도우려는 소원 / 기도 응답의 기쁨 / 구원의 필요성 /
두 배로 응답받은 기도 / 사업하는 형제 / 고아원의 영적 부흥 /
조지 뮬러의 선교 여행 /
친히 준비하신 해외선교사(기도로 해외선교사를 파송하다) /
1859년에 일어난 부흥의 발단 / 뮬러의 결혼 / 위중한 딸을 위한 기도 /
일용할 양식 / 가난한 자들은 너희와 항상 있거니와 /

우리의 걸음을 인도하시는 주님 / 끊임없는 믿음과 인내의 시험에 승리함
영원을 맞이할 준비 / 오직 하나님만을 기다림 /
영원한 반석이신 하나님 / 영원토록 동일하신 예수 /
믿음의 시험에 철저히 대비하라 / 굳센 믿음으로 하나님께 영광을 /
주님 품에 안기다

5장 | 응답받는 기도의 다섯 가지 조건 · 207

6장 | 성경 읽는 법 : 정독과 통독 · 211

7장 | 하나님이 기뻐하시는 뜻을 분별하는 법 · 221

조지 뮬러의 생애 · 232

숫자로 본 조지 뮬러의 결실 · 235

머리말

 이 책은 조지 뮬러의 일생동안에 일어난 사건들 중에서 작은 일화(逸話)들을 중심으로 응답받는 기도를 드리는데 도움이 되는 실제적인 가르침을 다루고 있다. 이처럼 일상생활에서 흔히 일어날 수 있는 사건에 얽힌 일화들을 사용하여 응답받는 기도를 드리는 원칙, 하나님이 인도하시는 손길을 확인하는 방법, 하나님의 뜻에 일치하는 기도를 드리면 하나님이 정하신 때에, 그분이 원하시는 방법으로 반드시 응답하신다는 사실을 가르치는 이유는 무엇인가? 그 까닭은 신자와 불신자 모두에게 하나님은 오늘날도 우리의 기도에 반드시 응답하시는 분이심을 보다 효과적으로 보여줄 수 있기 때문이다.

따라서 이 책을 깊이 음미하며 정독한 독자라면 누구나 조지 뮬러의 자서전과 전기에 수록된 그 많은 일화들을 모두 읽지 않고도 조지 뮬러가 본래 의도했던 목표에 이르게 될 것이다. 이 책을 읽는 모든 독자로 하여금 '우리의 기도에 언제나 응답하시는 하나님이심'을 믿게 만드는 일이야말로 자신을 인도하신 하나님의 손길을 소개하려고 글을 쓸 때마다 조지 뮬러가 가슴에 품었던 간절한 소원이었기 때문이다.

물론 독자 가운데 「조지 뮬러 자서전」(Autobiography of George Muller)이나 「기도 응답으로 받은 150만 파운드」(A million and a half in Answer to pray)를 읽은 분들이 계시다면 그 많은 분량의 책을 읽는데 소요된 시간을 보상받고도 남는 풍성한 은혜를 이미 받았으리라고 믿는다.

조지 뮬러는 이 책을 발간하도록 허락하기 위해 보낸 서신에서 '이 책의 내용이 이미 발간된 나의 자서전이나 전기의 내용과 정확히 일치한다면 나는 이 책을 발간하는데 동의합니다.'라고 했다.

옮긴이의 글

많은 독자들이 아시는 바와 같이, 조지 뮬러는 방탕한 삶을 살다가 20세에 독일 경건주의 신앙의 도움을 받아 회심한 후 새로운 삶을 살 수 있게 되었습니다. 그는 하나님의 주권을 믿고 필요한 것을 하나님께만 의지하여 구하는 페이스 미션(Faith mission)을 추구하면서, 허드슨 테일러에게 영향을 주었습니다. 또한 그는 기도라는 성경공부 주제에 응답의 확인, 또는 하나님의 뜻을 확인하는 법이라는 항목을 추가하도록 만드는데 선구적인 역할을 감당했습니다.

이 책을 번역하면서 조지 뮬러를 통하여 하나님의 놀라운 은혜를 새로이 깨닫게 되었습니다.

첫째, 사람을 변화시키는 복음에 근거한 기도의 능력입니다. 거듭나기 이전의 조지 뮬러는 자신이 원하는 삶을 위해 아버지의 돈을 훔치거나 다른 사람을 속여서라도 반드시 자신의 뜻을 이루는 삶을 살았지만, 회심이후에는 기도하는 삶을 통해 하나님께서 주신 것으로 만족하며 살기 원하는 모습으로 변화되었습니다. 감옥 안에서조차 동료 죄수들을 속였던 조지 뮬러의 언행도 스펄전 목사가 평한 대로 '다변적이거나 화려한 기교를 추구하지 않지만 설득력있는 설교'를 추구할 만큼 절제된 언어생활로 변화되었습니다.

둘째, 교회 부흥은 기도에서 시작된다는 것입니다. 1860년대 영국 울스터 지역의 부흥은 제임스 맥퀼킨이 주도한 기도운동에서 비롯되었습니다. 그 결과로 판사는 재판을 해야 할 범죄 사건의 감소를 경험했으며, 간수는 죄수가 감소하여 업무가 줄어들었고, 윤락가와 술집은 찾는 사람들의 발길이 끊어지는 사회현상이 실제로 일어났습니다.

한 사회를 근본적으로 바꾸어 놓은 이 부흥은 제임스 맥퀼킨이 「조지 뮬러의 일화집」을 읽고, 그와 같이 기도하는 삶을 살겠다고 결심한데서부터 시작되었습니다. 오늘날 모든 교회가 이루기 원하는 부흥도 기도에서부터 비롯되어야

함을 이 책은 보여주고 있습니다.

 셋째, 하나님은 오늘도 우리의 기도에 응답하신다는 사실입니다. 아무리 작은 일이라도 기도할 때에 하나님께서는 그 일을 소홀히 여기지 않으심을 이 책이 보여주고 있습니다.

 넷째, 응답받는 기도에는 반드시 지켜야할 원칙이 있습니다. 이 책은 기도 응답을 주제로 한 다른 책과는 달리 실제적인 원칙을 소개하기 위해서 하나님의 뜻을 분별하는 법, 성경말씀을 기도에 적용하는 법, 응답받을 때까지 유지해야 할 우리의 태도 등에 관해 실제 사례를 중심으로 자세히 가르쳐주고 있습니다.

 따라서 부흥을 원하거나, 기도 응답을 받기 원하거나, 자신의 삶에 변화를 원하거나 기도 응답을 확신하지 못하는 분이 있다면 이 책을 읽어보시기를 권합니다. 또한 뮬러처럼 캘비니즘에 근거하여 기꺼이 자기 부인(否認)의 삶을 살고 싶은 분들에게도 일독을 권하고 싶습니다.

01
하나님의 뜻을 확인하는 법

1. 우리 눈앞에 놓인 문제에 관해 우리가 지닌 선입관이나 뜻을 버리고 마음을 비운 상태를 유지하려 힘쓴다. 사람들에게 일어난 문제의 10분의 9는 자신의 선입관이나 이미 세운 뜻을 포기하지 않는 상태에서 비롯되므로 어떤 난제에 직면하든지 우리의 마음을 비워 하나님의 뜻에 따르면, 문제의 대부분이 해결되기 때문이다.
2. 우리의 감정이나 단순한 인상에 의지하면 잘못된 생각에 빠지기 쉬우므로 한 순간의 감정이나 인상에 결코 매이지 않는다.
3. 하나님의 말씀이 가르치는 내용대로 따르거나 그 말씀에 근거하여 추론함으로써 성령의 뜻을 구한다. 성령

과 하나님의 말씀은 항상 일치하기 때문이다. 우리가 하나님의 말씀을 제외한 상태에서 성령의 뜻을 구하면 잘못된 생각에 빠질 가능성이 크다. 성령이 우리를 인도하실 때는 반드시 성경에 일치되게 인도하시며 결코 성경에 어긋나게 우리를 인도하시는 법이 없다.

4. 하나님의 섭리에 따라 우리에게 주어진 환경에 주의를 기울인다. 하나님의 섭리에 의해 이루어진 환경은 하나님의 말씀, 성령과 더불어 하나님의 뜻을 명백히 나타내는 도구로 사용되는 경우가 많기 때문이다.

5. 하나님의 뜻을 밝히 보여주시도록 간절히 기도로 구한다.

6. 하나님께 기도하고, 성경 말씀을 살피며 깊이 생각한 후에는 우리에게 주신 능력과 지식을 최대한 사용하여 신중한 판단을 내린다. 이때 우리의 마음이 평안할 뿐 아니라 두세 번 간구를 드린 후에도 평안한 마음이 사라지지 않는다면 이미 내린 결정을 따라 일을 진행해 나간다. 사소한 문제든지 중요한 문제를 포함한 계약에서든지 이런 방법이 하나님의 뜻을 분별하는데 매우 효과가 있음을 나의 일생동안 수없이 확인해왔다.

내가 처음으로 주님을 영접한 날(20세 중간)부터 지금까지(1895년 3월) 모두 69년 4개월의 신앙 여정에서 내가 매 순간마다 하나님 말씀을 의지하고 성령의 가르치심을 따라 무슨 일을 만나든지 인내하며 진지한 자세로 하나님의 뜻을 찾으려 했는지 확실히 기억할 수는 없지만 언제나 바른 길로 인도되어 온 사실만은 분명하다.

하나님 앞에서 마음이 정직하고 바르지 못했거나 하나님의 인도하심을 받기 위해 끈기있게 하나님을 바라지 못했거나 살아 계신 하나님의 말씀에 근거한 약속보다 사람의 말을 더 의지한 일이 있었다면 그것은 전적으로 나의 큰 과오일 수밖에 없다.

02
고아원 시작과 초기 사역

"너희 믿음의 확실함은 불로 연단하여도 없어질 금보다 더 귀하여 예수 그리스도께서 나타나실 때에 칭찬과 영광과 존귀를 얻게 할 것이니라"(벧전 1:7).

애슐리 다운에 세운 새 고아원

조지 뮬러가 영국 브리스톨의 애슐리 다운에 세운 새 고아원(New Orphan Houses)은 하나님이 오늘날에도 우리의 기도에 응답하심을 가장 분명히 보여주는 증거가 되고 있다. 뮬러가 수많은 사역 가운데서 고아원 사역을 일생의 사명으로 삼은 이유는 무엇인가? 그 이유는 「조지 뮬러를 인도하신 하나님의 손길」(A

Narrative of Some of the Lord's Dealings with George Muller)이라는 그의 전기 상권에 상세하게 소개되어 있다.

내가 고아원을 세우기로 결심한 데에는 이유가 있다. 하나님을 온전히 믿지 못하여 고통받는 세 종류의 신자들을 보고 이들의 믿음에 확실한 증거를 보여주는 일이 필요하다는 사실을 깨달았기 때문이었다.

첫째, 내가 만나본 신자들은 노후생활에 관해 염려하면서 괴로워하는 이들이었다. 이들은 모두 '우리가 더 이상 일할 수 없는 노년이 되면 나라에서 운영하는 구빈원(救貧院) 밖에는 갈 데가 없지 않는가' 하는 걱정에 사로잡혀 있었다. 이들의 염려를 알고 난 후에 하늘에 계신 우리 아버지께서는 그분을 믿는 자녀들에게 언제나 도움을 베풀어주신다고 가르쳐 주었다. 이들은 내 가르침에 드러내 놓고 빈정거리지는 않았지만 속으로는 하나님을 오늘도 살아계시며 역사하시는 분으로 믿지 않고 있는 눈치였다.

하나님의 자녀라고 하면서도 살아계시며 우리의 기도에

응답하시는 하나님을 제대로 믿지 못하는 이들의 믿음 없는 태도에 나의 영혼이 탄식할 때가 너무나 많았지만, 결코 뒤로 물러서지 않고 이들을 위해 기도했다. "오늘도 살아계시며 역사하시는 하나님, 자녀들을 결코 버리시는 법이 없이 한결같은 도움의 손길을 베풀어주시는 하나님이심을 깨달을 수 있도록 분명한 표적을 이들에게 보여주시옵소서."

둘째, 내가 만나본 사람들은 사업을 하면서 마음에 갈등과 고통을 당하는 믿음의 형제들이었다. 이들은 하나님을 거부하는 불신자들과 조금도 다를 바 없는 방법으로 사업을 하느라고 무거운 양심의 가책에 시달리고 있었다. 이들이 종사하는 무역업계에는 동료들과의 경쟁이 날이 갈수록 치열해져 가고, 불경기는 끝날 줄 모를 뿐 아니라 곳곳마다 인구가 넘쳐나고 있었다.

이런 현실 속에서 하나님의 말씀에 따라 정직하게 사업을 하겠다고 고집하면 망할 수밖에 없다는 생각으로 마지못해 세속적인 경영방법을 선택할 수밖에 없다는 것이 이들의 고민이었다. 아마 이들은 보다 좋은 환경 속에서 사업을 경영하고 싶어하면서 자신이 처한 열악한 환경을 탓할는지 모른다. 하지만 하나님의 자녀라면 이런 때 일수록 세속적인 사업 수완을 거부하고 살아계신 하나님만을 의지하여 거룩한 결정을 내리고 그분을 의지하며 신앙 양심에 어긋나지 않게 경영을 해야 할 것이다. 안타깝게도 나는 이런 믿음의 형제를 지금까지 한 사람도 만나본 적이 없다. 이처럼 현실 속에서 갈팡질팡하는 신자들에게도 '하나님은 성경시대와 마찬가지로 오늘도 우리의 기도에 응답하는 분이심'을 나타내는 확실한 증거를 보여주고 싶었다.

셋째, 내가 만나본 사람들은 믿음의 선한 양심에 부끄러울 수밖에 없는 직업을 가진 개인이나 영적인 면에서 성경에서 금하는 지위를 가진 사람들이었다. 이들은 자신이 소유한 지위에 따르는 사회적 영향력이 사라지는 것을 두려워하여 하나님의 자녀로서 소유해서는 안될 직업임을 알면서도 버리지 못하거나 하루아침에 실직하는 것이 두려워서 지위를 포기하지 못한다는 공통점을 지니고 있었다. 이런 형제들을 알게 되면서부터 내 마음에 품은 간절한 소원은 두 가지였다. 하나는 하나님을 의지하는 자녀들을 도우실 수 있는 능력과 사랑을 지닌 분이 하나님이심을 말씀 속에서 예를 들어 가르쳐주는 것이고, 다른 하나는 하나님이 오늘날에도 성경시대와 동일한 사랑과 능력을 베푸시는 분이심을 확실한 증거를 통해 보여 주는 것이었다.

하나님의 말씀만으로도 이들의 두려움을 극복케 할 수 있음을 잘 알았지만 형제들에게 구체적인 도움의 손길을 베푸는 일도 필요하다고 생각했다. 어떤 방법으로든지 하나님의 변하지 않는 신실하심을 눈으로 볼 수 있게 증거함으로써 형제들의 믿음을 하나님 안에서 굳세게 하고 싶었기 때문이었다.

이처럼 확증을 보여줌으로써 형제들의 믿음을 굳세게 하려고 결심한 이유는 하나님이 그분의 신실한 종인 A. H. 프랑케(August Hermann Francke, 1663 - 1727, 독일 경건주의 지도자 중의 한 사람)에게로 인도하신 손길을 통해 내 영혼이 얼마나 큰 축복을 받았는지 결코 잊지 않고 있기 때문이다. 프랑케는 살아 계신 하나님만을 의지하여 거대한 규모의 고아원을 세웠다. 나는 이 고아원을 수없이 방문하여 직접 눈으로 확인했다. 이러한 일을 하기 위한 결심을 실행에 옮기기 위해서는 내 자신이 하나님 교회의 종이 될 수밖에 없다고 생각했다. 하나님의 특별한 은혜로 하나님의 말씀을 믿고 의지함으로써 하나님의 인도를 따를 수 있는 은혜를 내가 받았기 때문이었다.

이처럼 연약한 성도들을 도우려는 이 모든 사역은 내가 잘 아는 주안의 형제자매들이 주님을 온전히 믿지 않기 때문에 마음에 시달림과 고통을 당하거나 양심의 죄책감을 느끼고 있다는 사실에서 비롯되었다. 하지만 하나님께서는 이런 사역들을 통해 그분이 조금도 변하지 않으셨으며 지금도 우리의 모든 기도에 응답하는 분이심을 교회에, 세상에 증거하고 싶은 소망을 내 영혼에 불러일으키셨다. 나는 이러한 소망을 가장 잘 이룰 수 있는 길이 고아원을 세우는 것이라고 판단했다. 왜냐하면 육안으로도 확인할 수 있는 일이 필요했기 때문이다. 아무 것도 없는 내가 어떤 사람의 재정적 도움도 받지 않고 기도와 믿음만으로 고아원을 세우고 운영할 수 있다면 하나님의 자녀들의 믿음을 굳게 할 수 있을 뿐 아니라 불신자들의 양심에도 하나님이 살아계시며 역사하는 분이심을 확증할 수 있을 것이다. 이것이 고아원을 세운 핵심 이유이다.

나는 마음 깊은 곳에서부터 부모를 모두 여읜 가난한 어린이들의 공동체에 도움이 되며 하나님의 도우심으로 그 아이들이 세상에 사는 동안 유익하게 쓰여지기를 간절히 소망했다. 특히 이 사랑스런 어린이들을 키워 하나님을 경외하는 가운데 하나님의 일꾼으로 훈련시키는 일에 쓰임받기를 원했다. 하지만 어디까지나 고아원을 세워 고아들을 하나님의 자녀로 키우는 일의 첫 번째이자 근본적인 목표는 나와 동역자들이 재정적으로나 물질적으로 도움을 받지 않고 오직 기도와 믿음을 통해서 나의 보살핌아래서 아이들에게 필요한 모든 것을 공급하여 하나님께 영광을 돌려, 하나님이 성경시대와 동일하게 오늘날도 신실하게 우리의 기도를 들으시는 분임을 증명하는 것이었다. 나의 의도가 성공적이었음을 드러내는 두 가지 열매가 1835년부터 풍성하게 나타나기 시작했다.

하나는 고아원 사역 가운데 체험한 일들을 기록한 전기와 자서전이 출간되자 그 이야기를 읽고 많은 불신자들이 회개하며 하나님의 자녀가 되었고, 다른 하나는 그 이야기를 읽은 성도들의 마음에 풍성한 열매가 나타났기 때문이다.

나는 이 두 가지 사실로 인해 영혼 가장 깊은 곳에서부터 하나님께 감사하고 싶었다. 이런 영광과 영예는 하나님에게만 돌려야 마땅할 뿐 아니라 그분의 도우심으로 나도 그분에게 속할 수 있게 되었다.

"네 입을 넓게 열라"

조지 뮬러가 쓴 1836년 1월 16일 기도일지에 보면 브리스톨에 세우기로 한 고아원과 더불어 '내외성경연구원'(Scriptural Knowledge Institution for Home and Abroad)에 관한 이야기가 나온다.

바로 얼마 전부터(1835년 말경) 주님을 의지하여 고아원을 세워야겠다는 생각이 다시 나의 마음을 사로잡고 있다. 두 주 동안 생각한 끝에 주님이 주신 것이라면 이루어지게 하시고, 주님이 주신 생각이 아니라면 마음에서 안개 걷히듯 사라지게 해 주시도록 간구드렸다. 고아원을 세우는 일이 하나님의 뜻인지 확신하지 못한 이유는 부모를 모두 여 읜 채 갈 곳 없는 가난한 아이들에게 거처를 제공하고 성경을 가르치는 일을 하나님이 기뻐하시는지 믿지 못하기 때문이 아니라 지금도 많은 업무를 담당하고 있는 내가 많은 손길을 필요로 하는 고아원 사역을 시작하는 것이 과연 하나님의 뜻에 합당한 지 확신하지 못하기 때문이었다. 하지만 이 일이 하나님의 뜻이라면 이런 나의 염려는 부질없는 걱정에 지나지 않을 것이다. 신실하신 하나님께서는 고아원을 세우는데 필요한 재정과 물품 외에도 아이들을 돌볼 수 있는 자격을 갖춘 사람을 주셔서 아무리 업무가 많다 해도 나는 중요한 일만 처리하면 되도록 안배하실 것이기 때문이다. 이런 믿음을 갖고 나니 큰 위로가 내 마음에 넘쳤다. 이 때문에 두 주간 동안은 고아원 건립에 필요한 재정이나 사람을 위해 한 번도 기도하지 않고 지낼 수 있었다.

12월 5일이 되자 지금까지 드려온 나의 기도 제목이 전혀 다른 기도 제목으로 바뀔 수밖에 없는 계기를 만나게 되었다. 시편 81편을 읽다가 10절에 이르렀을 때 "네 입을 넓게 열라 내가 채우리라"는 말씀에 내 마음이 압도되고 말았던

윌슨가에 세운 첫 고아원

것이다. 이 말씀이 내게 주시는 의미를 잠시 묵상한 후, 이 말씀을 고아원 건립에 적용하도록 성령의 인도하심을 받았다. 지금까지 고아원을 세우는 것이 하나님의 뜻인지 아닌지를 알기 위해서만 기도했지, 그 밖의 일들을 위해서는 한 번도 기도를 하지 않았다는 사실을 처음으로 깨닫게 되었다. 생각이 여기에 이르자 바로 무릎을 꿇고 고아원을 세우는데 필요한 것들을 풍성하게 주시도록 하나님을 향해 입을 크게 열었다. 하나님의 뜻에 온전히 맡기며, 하나님이 원하시는 때에 응답해 주시기를 간절히 기도했다. 댓가를 받지 않고 무료로 건물을 빌려줄 사람을 보내주시든지, 세를 내 줄 사람을 보내 주시든지, 고아들을 수용하여 가르칠 수 있는 건물을 영구적으로 얻게해 주시도록 기도했다. 뿐만 아니라 어린 아동들을 사랑어린 관심을 가지고 잘 돌볼 수 있는 사람들을 보내주시든지, 그렇지 않으면 이들을 채용할 수 있도록 3,000파운드를 주시기를 하나님께 간구했다. 이외에도 하나님의 자녀들에게 고아원에 필요한 가구, 집기들과 어린이들이 입을 옷을 공급할 마음을 주시도록 하나님께 아뢰었다.

기도하는 동안에 내가 무엇을 구하고 있는지를 밝히 깨닫게 되었다. 기도로 구한 물건들은 내가 알고 지내는 형제들로부터 얻을 수 있는 가능성은 전혀 없는 것들이었지만 주님이 허락하시기에는 조금도 어렵지 않은 것들 뿐이라는 점을 분명히 확신하게 된 것이다.

12월 10일 오늘 아침에 어떤 부부가 보낸 한 통의 편지를 받았다. 그 내용은 다음과 같았다.

> 저희의 자격이 충분할지는 모르나 새로 세워질 고아원을 위해 봉사할 일꾼으로 저희 자신을 추천합니다. 저희가 일하도록 허락해주신다면 저희가 쓰던 가구를 고아원 사역을 위해 쓰도록 모두 봉헌하겠습니다. 이 가구들은 이 사역을 위해 사용하라고 주님께서 주신 것입니다. 무슨 일이든지 맡겨만 주신다면 어떤 댓가도 받지 않고 일하겠습니다. 저희가 채용되는 것이 하나님의 뜻이라면 그분이 저희에게 필요한 모든 것을 채워주실 줄 믿기 때문입니다.

12월 13일 오늘 성령의 감화를 받은 어떤 형제가 주님이 허락하시는 동안은 매주 4실링, 혹은 매년 10파운드 8실링씩 고아원사역을 위해 후원하기로 약속하고 두 주일 치의 후원금으로 8실링을 선불해 주었다. 또 어떤 부부는 고아원 사역에 쓰일 수 있다면 그들이 소유한 모든 가구와 세간들을 헌납하고 고아원 사역을 위해 헌신할 것을 약속했다.

크나 큰 격려

12월 17일 어제 밤과 오늘 아침에는 너무나 낙심되어 '고아원을 이런 방식으로 지을 수밖에 없나' 하고 고민하다가 성령의 도우심을 받아 주님께서 크게 격려해 주시기를 간구했다. 기도가 끝나자마자 어떤 형제가 보낸 날염(捺染)을 한 옷감 두 필이 당도했다.

하나는 7마짜리였고, 다른 하나는 23마 2자 5치짜리 옷감이었다. 그 외에도 6마 2자 5치짜리 옥양목과 모두 4마쯤 되는 안감 4조각, 침대보 1개와 1마 길이의 자가 함께 보내졌다. 이 날 저녁 또 다른 형제가 빨래 건조대 1개, 실내용 아동복 3벌, 앞치마 4개, 손수건 6장, 침대 겉 덮개 3장, 담요 1

장, 백납으로 만든 소금 그릇 2개, 주석 컵 6개, 작은 숟가락 6개를 보내왔다. 뿐만 아니라 세 명의 후원자가 보낸 3실링 6페니의 기부금도 함께 가져 왔다. 그와 함께 어떤 사람이 100파운드를 후원할 마음을 가지고 있다고 귀띔해주었다. 하나님이 보내신 격려를 통해 낙심했던 나의 마음이 큰 위로를 받았다. 얼마나 자상하신 하나님이신가!

1,000파운드의 후원금

1837년 6월 15일 오늘 목표한 모금액 1,000파운드 가운데 아직 채워지지 않은 부분을 보내주시도록 하나님께 다시 한 번 간절히 기도드렸다. 저녁에 한 후원자를 통해 모자라던 5파운드를 받았다. 기도가 응답되어 목표했던 1,000파운드가 모두 채워진 것이다. 나의 주인이시며 나의 온 맘을 다해 섬기는 영광의 주님께 다시 고백하거니와, 목표한 모금액의 마지막 1실링까지, 그리고 지금까지 기도로 구하던 모든 옷과 가구들까지 한 사람에게도 입을 열어 도움을 구하지 않고도 모두 채워졌으니 얼마나 감사한 일인가!

고아들을 보내주소서

부모를 여의고 의지할 데 없는 여러 어린이들을 위한 고아원 개원과 병설 영아원의 설립을 알리는 세 번째 광고가 1836년 5월 18일자 신문에 실렸다. 조지 뮬러는 이 광고를 포함하여 첫 원아의 모집에 관한 일화들을 다음과 같이 소개한다.

지금까지 고아원 건립에 관해서라면 가장 작은 부분까지도 내 자신의 연약함과 무지를 인정하면서 하나님 앞에 빠짐없이 구해왔다. 하지만 단 한 가지 기도로 구하지 않은 것이 있다면 고아원에서 자랄 아이들을 보내주시도록 하나님께 간구하는 일이었다. 고아원이 문을 열기만하면 들어 올 아이들은 넘칠 것이 분명하므로 따로 기도하지 않아도 되리라고 생각하고 있었다. 하지만 고아원에 들어올 아이들의 신청을 받기로 한 날이 다가올수록 이런 나의 섣부른 기대를 무너뜨리시고 주님없이는 어떤 작은 일도 이룰 수 없으리라는 점을 깨닫게 하실지도 모른다는 불안한 생각이 슬며시 고개를 들었다. 드디어 신청받기로 한 날이 되었다. 하지만 나의 예상은 크게 빗나가고 말았다. 한 명의 신청자도 나타나지 않았던 것이다.

이 사역을 시작하기 전에 과연 이 일이 주님 뜻에 맞는 것인지 여러 차례에 걸쳐 반복해서 확인해 보았는데도 이런 결과가 나타난 것이다. 나는 이 일로 인해 밤을 온전히 지새우며 주님 앞에 나를 낮추어 기도하며 이 사역을 시작한 모든 동기에 비추어 나의 마음 전체를 다시 한번 점검하였다. 이날은 2월 3일이었다. 이튿날인 4일 아침이 되자 나는 전과 마찬가지로 하나님께 영광을 돌리는 것이 이 사역의 첫째 목표이므로 살아계신 하나님을 신뢰하며 사역을 전개하는 것이 결코 헛된 일이 아니며, 둘째로 부모를 여읜 어린이들의 영적 복지를 도모하는 일이며, 셋째로 그들이 모두 건강하게 자라나는 것이라고 다시 확신할 수 있게 되었다.

나의 기도는 여기서 멈추지 않고 계속되었다. 마침내 이 사역 전체가 실패로 돌아간다 할지라도 이 일을 통해 영광을 받으시는 하나님을 기뻐해야겠다고 진심으로 고백할 수 있는 마음에 이르게 되었다. 하지만 고아원이 세워져 계속 번창하는 것이 하나님께 더 큰 영광이 될 것이라는 마음이 사라지지 않았으므로 하나님께서 고아원에 신청할 어린이들을 보내 주시도록 다시 한번 온 맘을 다해 간구했다. 그리고 나서야 마음에 평정이 회복되며 하나님께서 친히 우리 고아원을 세우시리라고 전보다 더 굳게 확신하게 되었다. 바로 이날 2월 4일에 첫 신청자가 들어오더니 그 이후로 42명이 더 신청을 하였다.

"바로 오늘"

고아원이 세워진 지 2년이 지난 후인 1838년에 고아원에 들어온 어린이들의 수는 거의 100명에 이르렀다. 고아원 운영비가 점점 늘어나는 가운데 운영기금이 20파운드 밖에 남지 않게 되었을 때 일어난 일이었다.

5월 22일 오늘 저녁에 고아원 안에 있는 작은 정원을 거닐며 히브리서 3장 8절을 묵상하고 있었다. "예수 그리스도는 어제나 오늘이나 영원토록 동일하시니라" 이 말씀을 근거로 주님의 변치 않는 사랑, 권능, 지혜 등에 관해 묵상하는 동안 어느새 나에 대한 기도로 바뀌어 있음을 발견했다. 내가 처해 있는 영육간의 형편을 두고 기도하다 보니 문득 고아원에 지금 필요로 하는 일들이 생각났다. 그 순간 내 자신에게 이렇게 확증하고픈 마음이 생겼다. '우리 하나님께서는 지금까지 한결같은 사랑과 권능 가운데서 고아원에 필요한 것들을 넘치도록 채워주셨으니 앞으로도 전과 같은 사랑과 권능으로 우리가 필요로 하는 것들을 풍성하게 공급해 주실 거야.' 이와 같이 경배받으실 우리 주님이 변함없는 분이심을 깨닫고 나니 내 영혼에 기쁨이 샘솟듯 넘쳐났다. 그로부터 1분이 채 못 되어 편지 한 통을 받았다. 그 속에는 20파운드의 후원금이 들어있었다. 동봉된 편지에는 다음과 같이 쓰여 있었다.

> 이 후원금은 목사님이 세우신 내외성경연구원의 목표를 이루기 위해서나 고아원 설립이나 어떤 일이든 주님이 친히 일러 주시는 대로 그분이 원하시는 사역에 써 주시기 바랍니다. 결코 많은 액수는 아니지만 급한 대로 오늘 쓰기에는 모자라지 않을 것입니다. 주님이 주시는 것은 대개 그 날의 양식과 꼭 필요한 것입니다. 내일 필요한 것은 내일 구할 때 공급해 주실 것입니다.

이 후원금 가운데서 10파운드는 고아원 운영기금에 보태고 나머지 10파운드는 다른 용도로 쓰려고 떼어놓았다. 때마침 이때부터 나흘간 고아원을 위해 3파운드의 경비를 지출해야 할 일이 발생했지만 이 돈으로 필요한 경비를 모두 지불할 수 있게 되었다. 신실하신 하나님께서 이처럼 필요한 경비를 미리 보내실 줄 나는 알고 있지 않았던가!

도움을 기다리기

11월 21일 오늘처럼 고아원 운영기금이 모자란 적은 지금까지 한 번도 없었다. 얼마나 돈이 궁했던지 기숙사 보모들 수중에 있는 돈을 통틀어도 단돈 반 페니도 구할 수 없을 정도였다. 하지만 서로 빵을 나누어 먹게 함으로써 저녁식사가 모자라지는 않았다. 오늘 하루도 무사히 보냈다며 안도하기는 했지만 우리 가운데 어느 누구도 이 빵을 내일 아침에도 먹을 수 있도록 늘릴 수 있는 방법을 알지 못하고 있었다. 형제자매들과 오후 한 시에 헤어져 기도한 다음 다시 그들에게 돌아가 지금은 도움을 기다릴 수밖에 없는 형편이므로 주님께서 이번에 우리를 어떻게 도우시는지 보자며 어느

고아원의 남학생들

때보다 믿음을 가지라고 당부했다. 어떤 방법으로든 하나님이 도우시리라고 확신했지만 실제로 걱정하지 않는 사람은 하나도 없었다. 나는 고아원을 출발하여 킹스타운(Kingstown)에 도착했을 때, 날씨가 갑자기 추워졌으니 몸을 더 많이 움직여 열을 낼 필요가 있다고 생각했다. 그리고는 가까운 길을 두고, 클라렌스 플레이스(Clarence Place)로 돌아서 고아원으로 향했다. 고아원으로부터 18m 쯤 떨어진 곳에 이르렀을 무렵에 고아원에 왔다가 돌아가고 있던 아는 형제 한 사람을 만났다. 잠시 안부 인사를 나눈 후 그 형제가 내게 돈을 건네주었다. 가난한 성도들에게 석탄, 담요, 따뜻한 옷을 사주도록 형제와 집사들에게 전할 10파운드와 고아원의 어린이들을 위해 5파운드, 그리고 내외성경연구회 사역을 위해 5파운드를 기부한 것이다. 내가 킹스타운에 있는 다른 고아원에 다녀오는 동안 이 형제가 두 번이나 나를 찾아왔었으나, 만나지 못하고 되돌아갔다고 한다. 조금 전에도 30초만

늦게 왔으면 이 형제를 못 만났을 것이다. 하지만 주님은 우리 고아원의 형편을 모두 아시기에 이 형제를 만날 수 있도록 나의 걸음을 인도하신 것이다. 고아원에 도착하자마자 곧 보모들에게 5파운드를 건네주었다.

실망을 뛰어 넘어

1840년 9월 21일 사용하고 남은 운영기금 뿐 아니라 어제 들어온 후원금까지 있었으므로 오늘 필요한 것은 물론이고 내일 쓸 것까지도 넉넉하다. 오늘 런던지역에서 온 한 형제가 가장 필요할 때 써 달라며 10파운드를 기부했다. 지금까지 내외성경연구원 부속학교와 선교를 위해 사용할 기금을 마련하기 위해 오랫동안 기도해왔으므로 이 10파운드는 그 두 가지 용도로 사용하기로 했다. 이 형제는 런던 지역에서 이곳에 온 지 사흘밖에 안되었으므로 우리가 감당하고 있는 사역에 대해 아는 것이 전혀 없는 상태에서 고아원을 위해 기부한 것이다.

이와 같이 주님께서는 우리를 향한 그분의 변함없는 사랑을 보여 주시려고 이 형제를 새로운 조력자로 세우신 것이다. 이같이 주님을 믿는 자는 그 어느 누구도 좌절할 필요가 없다. 돌이켜 보면 잠시 동안이나마 나의 사역을 후원해왔던 사람들 가운데는 세상을 떠나 주님 품에 안긴 이도 있고, 주님을 위한 사역에 대한 열정이 식은 사람도 있고, 예전과 같이 도우려는 의욕은 있지만 지금은 도울 형편이 안되는 사람도 있고, 도우려는 의욕도 있고 형편도 넉넉하지만 주님께서 다른 사역을 후원하기 원하신다고 믿고 이 사역을 후원하는 데서 손을 뗀 사람도 있다.

이처럼 우리가 사람을 의지하려 했다면 이런 저런 이유 때문에 실망할 수밖에 없게 된다. 반면에 살아계신 하나님만 의지할 때는 조금도 실망할 필요가 없다. 그뿐 아니라 죽음이나 어려운 형편이나 사람의 부족함이나 다른 사역으로 부르심 때문에 결코 버림을 당하는 법이 없다. 세상에서 하나님께만 일치하기를 배워 행복하고 정직하게 사는 동안에는 선한 일이 우리에게서 끊이지 않으리라는 사실을 아는 것은 얼마나 소중한가!

큰 죄인의 회개

1841년을 회고하면서 이 해에 일어난 일을 조지 뮬러는 이렇게 소개하고 있다.

이 한 해 동안에 나는 결코 잊을 수 없는 하나님의 은혜를 경험했다. 주님을 섬기기 시작한 후로 처음 들어보는 너무나도 큰 죄인 한 사람이 주님께로 돌아온 것이다. 이 죄인이 주님을 영접할 때까지 나는 그의 아내와 함께 주님 앞에 무릎 꿇고 그가 주님의 자녀가 되도록 인도해 주실 것을 수없이 간구했다. 그의 아내는 나를 찾아왔을 때 더 이상 악화될 수 없을 정도로 극심한 영혼의 침체에 빠져있었다. 이 자매의 남편은 그의 아내가 신앙생활을 하는 것을 알자, 좌절감을 맛보게 하려고 화를 돋구어보려 했으나 실패한 후부터 아내를 몹시 증오하면서 잔인하고 무자비한 학대를 퍼붓기 시작했다. 그동안 그의 아내는 남편을 신앙으로 변화시켜 보려했지만 날이 갈수록 남편의 핍박이 더욱 심해지자 영적

침체의 늪에 빠지고 만 것이었다. 더 이상 남편의 악한 행동을 견딜 수 없게 되었을 때 나는 마태복음 18장 19절의 말씀을 붙잡고 주님께 간구하기 시작했다. "진실로 다시 너희에게 이르노니 너희 중에 두 사람이 땅에서 합심하여 무엇이든지 구하면 하늘에 계신 내 아버지께서 저희를 위하여 이루게 하시리라" 이 기도의 응답으로 도저히 변화될 기미가 보이지 않던 이 큰 죄인이 마침내 주님 앞에 나아와 그분의 자녀가 된 것이다.

기도로 이루어진 영적 부흥

5월 25일 오늘부터 내가 섬기는 교회의 성도들이 어느 때보다도 참된 영적 부흥을 경험할 수 있도록 인도해 주시길 하나님께 구하기 시작했다. 주님께서는 이런 나의 요청에 풍성하게 응답해 주셨다. 이제부터 그 과정을 모두 소개함으로써 주님께 영광을 돌리려 한다. 모든 상황을 종합해 보면 이 글을 쓰고 있는 현재(1845년)보다 더 우리 가운데 은혜와 진리가 충만하게 나타나고 영적 권능이 넘치던 때는 일찍이 없었다. 우리가 이르러야 할 푯대에 이미 도달했다는 말이 아니다. 우리는 지금도 그 푯대를 향해 더욱 힘써 나가야 하는 가운데 있지만, 주님께서 우리가 지내 온 순간 순간마다 지극한 선을 베푸셔서 감사할 거리가 너무나 많다는 뜻이다. 기도를 응답해 주신 하나님께 영광을 돌린다.

회계보고를 보류하다

12월 9일 오늘 양말을 판매하여 얻은 수익금 10실링 10페니가 고아원에 입금되었다. 올해로 고아원 사역을 시작한 지 6년째를 맞았다. 고아원 사역의 초기만 해도 수중에 있던 돈이라고는 집세를 내고 나면 남는 것이 없을 정도였지만, 하나님께서는 지난 6년 동안 우리에게 필요한 모든 것을 그 때 그 때마다 넉넉히 채워주셨다.

3년 전부터 해마다 오늘을 연간 회계 마감일로 정하여 지켜왔다. 며칠 후면 후원자 모임을 열어 그 자리에 모인 사람들에게 한 해 동안 고아원 사역을 위해 주님께서 베푸신 결과를 결산보고를 하고, 그 자리에서 발표된 사항은 교회 성도들의 편의를 위해 자세히 인쇄하여 배부해야 한다. 지금까지 우리는 하나님의 은혜로 어떤 상황에서든지 주님만 의지하는 법을 배워왔다. 이 방법대로 고아원 사역에 필요한 것을 보내달라고 말이나 글을 써서 사람들에게 요청하지 않았더라도 하나님만을 의지하는 한, 주님이 원하시는 때가 되면 언제나 필요한 것이 모두 공급되어 모자람이 없으리라고 확신하며 한 해를 지내왔다. 하지만 올해는 한 해 동안 하나님께서 우리에게 베푸신 내용이 담긴 결산 보고서의 발간을 늦추기로 했다.

우리가 어려운 형편에 처해 있다는 것을 후원자 모임에서 알리지 않기 위해서였다. 결산보고서를 인쇄하여 교회에 배부하는 일도 보류하기로 했다. 성도들의 마음을 움직여 후원금을 받으려고 하지 않기 위해서였다. 하지만 그 동안의 경험에 의하면 우리가 성도들을 위하여 회계보고서를 인쇄하지 않으면 우리의 어려운 형편을 은근히 부각시켜서 도움을 얻으려하는 행동으로 오해하는 사람들이 나타날 수도 있다. 그러므로 후원자모임을 개최하거나 회계보고서를 인쇄하여 배부하는 것보다 하나님만 의지하기 원했던 것이다. 어려운 형편을 알릴 수 있는 절호의 기회가 찾아왔음을 즐기기보다는 어려운 형편에 대해 한마디도 하지 않고 깊은 가난 가운데서 하나님의 손길이 나타날 때까지 고요히 기다리기로 한 것이었다. 그래서 우리는 이제까지 해왔던 것처럼 성도 전체의 유익을 위해 후원회모임과 회계보고서 인쇄를 몇 달만 보류하기로 결정했다. 육적으로는 이 기회를 이용하여 우리의 어려운 형편을 드러내고 싶은 마음도 있었지만, 영적으로는 이렇게 사람들에게 도움을 청하여 후원회나 성도들로부터 더 큰 도움 받는 것을 하나님의 도움을 받는 것보다 기뻐할 수 없었다.

12월 18일 토요일 아침 오늘 아침처럼 궁핍한 적이 또 있었을까? 수중에 겨우 4페니밖에 없으니 말이다. 이 돈도 내 방에 있는 상자 안에서 어렵게 찾아낸 것이다. 하지만 주님께서는 다른 날처럼 오늘도 우리에게 필요한 모든 것을 하나도 모자라지 않게 채우실 줄 전혀 의심하지 않는다.

이 책을 읽는 주 안의 형제와 자매들이여. 잠시만 시간을 내어 두 가지 사실을 주의하여 살펴보라. 나와 고아원을 위해 함께 일하는 사역자들은 하나님을 위해 후원회모임을 개최하는 일과 회계를 보고하는 일을 보류했지만, 하나님의 방법은 언제나 온갖 시험을 통해 우리들이 눈에 보이는 것과 마음이 끌리는 곳에 관심을 두지 않고 주님만 바라볼 수 있도록 훈련받기를 원하시는 것이다. 우리의 육은 언제나 하나님의 방법 안에서 시험받을 것이다. 주님은 이 가난에 의해 우리에게 다음과 같이 말씀하고 계신다. '이제 네가 나를 진정으로 의지하는지, 또한 나만 바라보는지 볼 것이다.' 필요한 것을 기도로 구하기 시작한 이후 1841년 12월 12일부터 1842년 4월 12일에 이르는 4개월만큼 나의 믿음이 철저하게 시험받은 적은 없었다. 언제든지 마음을 바꾸어 후원회를 개최하고 회계보고서를 인쇄하여 교회 성도들에게 나누어 줄 수 있었기 때문이다.

우리 자신 외에는 누구도 이때까지 우리의 결정을 알 수 없었다. 하지만 우리는 많은 후원자들이 이런 시험을 통과한 회계보고서 받기를 얼마나 기뻐할지 이미 알고 있었다. 신실하신 주님은 우리가 내린 결정을 끝까지 유지하도록 인도해 주셨다.

하나님은 신실하시다

1842년 1월 25일에 쓴 글에서 조지 뮬러는 이렇게 기록하고 있다.

이 글을 읽는 주 안의 형제자매들이여! 여러분은 지금까지 이 글을 읽으면서 '고아원 운영기금이 거의 다 바닥이 나고 함께 일하는 사역자들마저도 아무것도 가진 것이 없어 고아들에게 줄 것이 전혀 없는 가운데 식사시간이 되었다면, 고아들에게 줄 음식이 하나도 없다는 말인데, 어떻게 이런 일이 일어나도록 가만히 있었는가' 하며 우리를 무모하다고 나무랄지도 모른다.[1]

역자 주 1: 줄 음식이 없어 고아들이 굶는다는 소문이 영국 전역에 퍼지자 사실을 확인하려고 전국 각지에서 많은 사람들이 조지 뮬러의 고아원을 방문하였다.
이들 가운데 영국의 대문호 '찰스 디킨스'(Charles Dickens, 1812-1870)가 포함되어 있었는데, 그는 뮬러가 운영하는 고아원이 재정이 넉넉한 것은 아니어도 고아들이 영양이 풍부한 식사를 제때에 공급받고 있었으며, 영국의 일반학교들의 수준을 능가하는 교육을 받고 있는 사실을 확인하고 크게 만족하여 돌아갔다고 한다. 이 찰스 디킨스로 인해서, 영국 전역에 퍼져 있던 고아원에 대한 악의적인 소문이 일시에 잠재워질 수 있게 되었다.

하지만 이런 일은 얼마든지 일어날 수 있다. 인간의 마음은 몹시 악하기 때문이다. 형편이 어려울 때를 대비하여 미리 떼어놓은 것이 있었더라면 우리는 살아계신 하나님을 더 이상 의지하지 않을 것이다. 인간의 죄성은 우리 마음을 사로잡아 조그마한 여유가 생겨도 주님을 찾지 않는 일은 언제 어디서나 일어날 수 있는 것이다. 하지만 살아계신 하나님을 믿고 의지한다면, 비록 모든 면에서 온전하지는 못할지라도 죄악 중에 사는 것만은 피하게 되므로 이런 일까지는 일어날 수 없을 것이다.

그러므로 사랑하는 형제자매여! 여러분이 하나님과 동행하고 있다면 하나님의 영광을 매우 소중히 여길 것이므로, 여러분을 사랑하는 마음으로 간곡히 부탁드리고 싶은 것이 있다. 모쪼록 하나님께서 우리를 끊임없이 붙잡아 주시도록 구하기 바란다. 사람들 앞에서 하나님의 이름을 높이고 자랑한다 할지라도 시험이 닥쳐올 때 믿음이 적거나 죄악된 생활에서 떠나지 않는다면 우리는 하나님의 영광을 가리우게 되는 것이다. 하나님의 거룩하신 이름에 먹칠을 하는 행위는 얼마나 두려운 일인가!

지연되더라도 꼭 응답되는 기도

3월 9일 오늘 내외성경연구원에 속한 주간학교 (Day - Schools)와 고아원에 필요한 것이 너무 많아 도움의 손길 없이는 더 이상 버틸 수 없는 순간을 맞이했다. 급히 도움의 손길을 보내주시도록 하나님께 간절히 기도드렸더니 기도의 응답으로 아일랜드의 더블린(Dublin) 지역에 사는 한 형제로부터 10파운드의 후원금이 들어왔다. 이 후원금은 주간학교와 고아원을 위해 사용하도록 나누어주었다. 이제부터 이 후원금에 얽힌 사연을 자세히 소개하려 한다.

기금은 부족한 데 필요한 것이 너무 많다. 나의 영혼은 더욱 간절히 하나님께 구하며 이 아침이 채 지나가기도 전에 기도에 응답해 주시기를 기다리고 있었다. 우편배달부는 오지 않았고 어떤 후원도 들어오지 않았다. 하지만 나는 조금도 실망하지 않았다. 나는 내 자신에게 '주님께서는 원하시면 우편배달부 없이도 필요한 것을 보내실 수 있는 분이시며, 아직 어떤 도움도 받지 못했지만 설령 우편배달이 없는 날이라도 사람을 통해 편지를 보내심으로써 필요한 것을 얼마든지 베푸실 수 있는 분이야!' 라고 확신을 가지고 말했다. 확신에 찬 이 고백을 한지 얼마 되지 않아 나의 간절한 기대에 어긋나지 않게 도움의 손길이 답지했다. 더블린에 사는 한 믿음의 형제가 소년고아원에 편지와 함께 10파운드의 후원금을 보냈던 것이다.

자상한 보살핌 (들어오는 대로 씨가 말라버리는 돈)

3월 17일 12일부터 16일에 이르는 5일 동안에 걸쳐 4파운드 5실링 11.5페니의 후원금이 고아원에 기부되었다. 하지만 지금까지 여러 달 동안 계속되어 온 가난 때문에, 모자란 곳에 쓰느라 이 기부금은 자취도 없이 사라졌다.

오늘 아침에는 얼마나 궁핍한지 '더 이상은 견디기 어렵지 않겠는가.' 하는 생각마저 들었다. 나는 오전 7시 조금 넘어 사택을 떠나 고아원으로 향했다. 8시경에 배달되는 신선한 우유를 살만한 예산이 남아 있는지 알아보기 위해서였다. 고아원으로 향하는 동안 아버지가 자녀를 사랑하듯이 주께서 우리를 불쌍히 여기셔서 우리가 질 수 있는 것보다 더 많은 짐을 지고 허덕이지 않게 해 주시기를 간절히 구했다. 더 나아가 기꺼이 도움의 손길을 보내셔서 우리 마음을 새로운 기쁨으로 넘치도록 인도해 주시기를 하나님께 구했다. 아울러 기금이 떨어져 고아원 사역을 중단할 수밖에 없게 된다면, 신자뿐 아니라 불신자로부터도 하나님을 향해 비난이 쏟아질 것이라고 주님께 말씀드렸다. 지금까지 해온 사역이 물거품이 되지 않도록 도와주시기를 간절히 구했다.

나는 결코 하나님의 사역에 쓰일만한 도구가 되지 못함을 진심으로 주님께 아뢰었다. 이와 같이 기도하며 고아원을 향해 걷고 있는 동안 고아원으로부터 걸어서 2분 거리쯤 떨어진 곳에서 아침 일찍 시간에 일하러 가는 한 형제를 만났다. 잠시 인사를 나눈 후 헤어져 고아원으로 향하는데 일터로 향하던 그 형제가 나를 향해 뛰어오더니 고아원을 위해서 써달라며 1파운드를 기부하고는 서둘러 출근하는 것이었다.

하나님은 나의 간절한 기도에 이처럼 신속하게 응답해 주셨다. 선하신 하늘 아버지께서 우리에 관한 것이라면 무엇이든지 먼저 응답해 주실만큼 우리에게 사랑어린 관심을 가지고 계시다는 소중한 증거를 날마다 보기 위해서라도 우리는 가난과 큰 믿음의 시련을 견딜만한 가치가 있는 것이다. 우리 아버지이신 하나님이 어떻게 돕지 않으실 수 있겠는가! 하나님은 그분의 아들 예수 그리스도를 우리를 위해 내어 주심으로써 우리를 사랑하신다는 것을 가장 큰 증거를 통해 보여 주셨다. 이처럼 우리를 사랑하시는 하나님께서 어떻게 모든 것을 그 아들과 함께 거저 주시지 않을 수 있겠는가!

주방에서 봉사하는 봉사자들

"주님을 더 신뢰하라"

1845년 5월 6일 지금부터 6주쯤 전에 한 형제로부터 후원금을 기부하고 싶다는 말을 들었다. 그 형제에게 상당한 금액의 돈이 들어오게 되어 있는데, 그 돈을 받으면 그 중의 일부는 주님께 드리겠다는 것이었다. 그 후원금 가운데 100파운드는 고아원 사역을 위해 쓰고 일부는 크레이크(Craik)형제와² 나를 위해서 쓰도록 기부하겠다고 약속했다. 하지만 여러 날이 지났는데도 약속한 후원금은 들어오지 않았다. 그 사람을 크게 의지한 것은 아니었지만 여느 때와 다름없

역자 주 2 : 크레이크 형제 - 조지 뮬러와 함께 형제단을 창시한 인물로 그의 동료이자 영적 스승이다. 그에게서 조지 뮬러는 하나님을 의지하며 기다리는 법을 배웠다고 고백하고 있다. 그는 뮬러의 처남인 이란선교사 A. N. 그로브즈의 초청으로 바그다드에 가서 J. N. 다비와 논쟁을 벌일 정도로 성경 지식과 영적인 지식이 뛰어난 인물.

이 모자란 것이 많다보니 주님의 은혜를 의지하면서도 그 형제가 한 약속을 생각하고 있는 연약한 내 자신을 발견하게 되었다. 여러 주가 지났어도 약속한 후원금은 도착하지 않았다. 오늘 아침에 내 마음에 이런 생각이 떠올랐다. '실천이 따르지 않는 약속은 어떤 면에서 무가치한 것이야. 한 순간도 그런 헛된 약속에 마음을 뺏기지 말고 살아계신 하나님께만 향하도록 힘써야겠다.' 이런 헛된 약속은 그야말로 한 푼의 값어치도 없는 것이므로 그 약속을 떠올리는 것도 헛된 일이라는 사실을 또 한번 깨달았다. 그러므로 아내와 함께 사역을 위해 기도하던 때와 마찬가지로 하나님께 간구했다.

하나님께서 기뻐하시면 이 헛된 약속에 관한 모든 것을 마음속에서 사라지게 하시고 나를 도우사 그 약속을 무가치한 것으로 여기고, 나의 눈을 오직 하나님께만 향하게 해 주시도록 간절히 기도드렸다. 기도에 응답하신 하나님의 은혜로 주님만 의지할 수 있게 되었다. 또한 기도를 다 끝내기 전에 어제 날짜가 쓰여진 다음과 같은 내용의 편지를 받았다.

사랑하는 형제님께

형제님은 지금도 브리스톨에 자리잡고 있는 스터키은행과 거래하고 계십니까? 또한 스터키은행은 런던에 있는 로바츠은행과 제휴 관계를 맺고 있습니까? 이 두 가지 문의에 대해 답해 주시기 바랍니다. 두 가지 질문이 모두 사실이라면 형제님을 위해 로바츠은행을 통해 스터키은행에 개설한 형제님 구좌로 70파운드를 보내드릴 것을 약속드립니다. 이 돈은 주님께서 지혜를 주시는 대로 사용하시기 바랍니다. 답장이 도착하는 대로 약속한 금액을 보내드리겠습니다.

1845. 5. 5 언제나 사랑하는 형제 배상

주님께서는 이처럼 사람의 헛된 약속을 무가치하게 여기고 주님만을 바라보기로 힘쓰겠다고 결심하자마자 신속하게 응답해주셨다. 그러나 하나님의 보상은 여기서 끝나지 않았다. 오늘 오후 2시쯤에 166파운드 18실링의 후원금을 받았다. 이 후원금을 보낸 사람은 놀랍게도 6주전에 후원금을 약속했던 바로 그 형제였다. 이 형제는 하나님께 후원금을 드리겠다고 약속한 덕분에 자신이 받을 돈을 무사히 수금하게 되었던 것이다. 후원금 가운데 100파운드는 고아원을 위해 쓰고 나머지 66파운드는 크레이크 형제와 나의 개인 용도로 사용했다.

1842년에 기록한 기도 일지에 조지 뮬러는 '믿음의 은사'에 대해 이렇게 적고 있다.

나의 소망은 이 이야기를 읽은 하나님의 자녀들이 누구나 어떤 상황에서든지 부족한 모든 것을 하나님께 내어놓고 보다 크고 순전한 마음으로 확신하며 기도할 수 있게 되는 것이다. 또한 이러한 나의 기도가 응답되어 여러분 모두가 기도에 더욱 힘쓸 뿐 아니라 특히 친구들과 친척의 영혼 구원과 자신을 위한 은혜와 영적 지식의 진보, 개인적으로 아는 성도들의 형편, 하나님의 교회의 형편, 더 나아가 복음전파의 성공을 위한 기도에 더욱 열심을 내기 원한다.

특히 사랑하는 마음으로 경고하고 싶은 사실은 이와 같은 기도 응답은 조지 뮬러나 그와 같이 특별한 사람들에게만 일어나는 일이지, 하나님의 자녀라고 누구나 경험할 수 있는 것이 아니라고 생각하게 만드는 사단의 속임수에 결코 넘어가지 말라는 것이다. 그 이유는 앞에서 소개한 바와 같이 신자라고 해서 누구나 고아원, 자선학교(Charity schools)등을 세우고 모든 필요한 것을 기도로 구하도록 부름받은 것은 아니지만, 모든 신자는 순전한

어린이들의 놀이 시간

믿음의 확신을 가지고 구하며 모든 짐을 주님께 맡길 뿐 아니라 모든 것을 기도제목으로 삼고 하나님의 뜻에 따라 주 예수의 이름으로 구하는 간구에 하나님이 응답하실 것을 기대하도록 부름받은 것을 알아야 한다. 사랑하는 형제자매 여러분은 조지 뮬러가 하나님을 믿을 수 있는 까닭은 은사에 대해 가르치는 고린도전서 12장 9절에 '병 고치는 은사', '능력 행하는 은사', '예언하는 은사'와 더불어 나타나는 '믿음의 은사'를 받아 그 은사를 활용하기 때문이라고 오해하지 않기를 바란다.

내가 활용할 수 있는 믿음이 하나님이 주시는 은사인 것은 사실이며, 하나님만이 믿음을 잃지 않고 사용하도록 붙

잡아 주시고 믿음을 키워주실 수 있다는 것도 사실이다. 또한 나의 믿음을 위해 매순간 하나님을 의지하는 것도 사실이며, 한순간일지라도 내 자신을 의지하면 하나님을 믿을 수 없게 될 수밖에 없다는 것도 사실이다. 하지만 나의 믿음이 고린도전서 12장 9절에서 가르치는 믿음의 은사라는 것은 사실이 아니다. 그 이유는 다음과 같다.

1. 고아원 사역과 나의 일시적 필요를 해결하기 위해 내가 활용할 수 있는 믿음은 고린도전서 13장 2절에 나오는 '믿음'(고린도전서 12:9에 나타난 믿음을 가리키는 것이 분명하지만)이 아니다. "산을 옮길만한 모든 믿음이 있을지라도 사랑(어떤 번역 성경에는 자선을 의미하는 'charity'로 번역)이 없으면 내가 아무 것도 아니요"에 나타난 믿음과 내가 소유한 믿음은 동일한 것이 아니다. 내가 기도할 때 사용하는 믿음은 모든 신자들이 소유한 믿음과 동일한 종류의 믿음이다. 내 자신에 대해서는 내가 가장 잘 알기 때문에 확신하건대 내가 소유한 믿음은 지난 69년 동안 조금씩 조금씩 성장하여 온 믿음인 것이다.

2. 고아원 사역과 내 자신의 필요를 해결하기 위해 기도할 때 사용하는 나의 믿음은 변함없는 분량(measure)을 유지해 왔다. 그 예로 지난 69년 동안의 신앙여정에서 내 죄가 용서되었으며 내가 하나님의 자녀이며, 하나님의 사랑을 받고 있으며, 마침내 구원받을 존재라는 점을 한 번도 의심하도록 허용한 적이 없다. 그 이유는 하나님의 은혜로 말미암아 하나님의 말씀에 의지하여 믿음을 사용하였을 뿐 아니라 그런 진리를 다룬 하나님의 말씀을 믿었기 때문이다(요일 5:1, 갈 3:26, 행 10:43, 롬 10:9, 10, 요삼 16).

더 나아가 성도들을 섬기는 동안에 나아갈 길이 전혀 보이지 않고, 겉모습에 의해 판단받으며, 슬픔과 절망에 사로잡혀 눈에 보이는 대로 사물을 보게 될 때마다 하나님의 전능하신 능력, 변함없는 사랑, 무한한 지혜를 믿으며 하나님 안에서 위로를 받으려 힘써왔다. 또 자신에게 로마서 8장 32절에서 "자기 아들을 아끼지 아니하시고 우리 모든 사람을 위하여 내주신 이가 어찌 그 아들과 함께 모든 것을 우리에게 주시지 아니하겠느냐"라고 말씀하신 것과 같이 하나님은 내게 유익한 것이라면 무엇이든 기꺼이 베푸시고, 어려운 형편에서 구하실 수 있는 분이시라고 확신을 하며 말해왔다. 이런 확신을 통해 나는 하나님의 은혜로 어려움을 극복하고 영혼의 평안을 유지할 수 있었다.

어느 때인가 고아원 사역과 내외성경연구원부설 주간학교와 연관되어 시험받을 때가 있었다. 이 시험은 물질과 재정의 부족에서 비롯되는 시험과는 비교할 수 없을 만큼 큰 시험이었다. 우리 고아원에서 어린이들을 충분히 먹이지 않을 뿐 아니라 아이들을 무자비하게 대한다는 근거없는 소문이 빠른 속도로 퍼진 것이었다. 이보다 더욱 견디기 어렵고 말할 수 없는 시험이 닥쳐올 때도 있었다. 이때에 나는 브리스톨에서 거의 1,600Km나 떨어진 곳에서 수 주간을 머물러야 할 형편이었지만, 하나님을 의지하여 영혼의 평안을 누릴 수 있었다. 이럴 때면 적용할 수 있는 약속의 말씀을 믿으면서 하나님 앞에 내 영혼의 고통을 쏟아놓자 꿇은 무릎에서부터 영혼에 평강이 물밀 듯 넘쳐흘렀다. 영혼에 내재된 고민거리를 믿음의 기도로 하나님께 맡겼기 때문이다. 그 이후로 처리할 일도 고아원을 떠나 있을 수밖에 없는 것이 하나님의 뜻임을 알았으므로 영혼의 평강을 잃지 않을 수 있었다. 더 나아가 고아원과 주간학교를 위해 사용될 건물과 고아원 사역에 함께 일할 동역자들이나 주간학교에서 가르칠 남녀교사를 구할 때도 오직 주님만을 바라보며 믿는 가운데 도움을 얻을 수가 있었다.

사랑하는 형제자매 여러분은 내 자랑을 늘어놓는 것으로 여길 수 있겠지만 하나님의 은혜를 나누려는 것일 뿐 추호도 나를 자랑하고 싶어하는 말이 아니다. 내 영혼 가장 깊은 곳에서부터 지금까지 나로 하여금 무슨 일을 만나든지 하나님만 의지하도록 인도하신 분은 오직 하나님이시다.

하나님께 대한 나의 믿음이 한 번도 실패로 돌아가지 않도록 도우신 분도 바로 하나님이시라고 고백한다. 하지만 뮬러가 하나님만 온전히 의지할 수 있었던 까닭은 하나님이 주신 특별한 은사 덕분이므로 여러분은 이런 은사를 흉내 내서는 안된다고 오해하거나, 내가 하나님만 의지하는 행위는 기도와 믿음에 의해 돈을 얻는 일에만 연관되어 있지, 다른 신앙상의 유익과는 거리가 멀다고 오해하는 성도가 없도록 하기 위해 이 말을 밝히지 않으면 안된다고 생각했다. 하나님을 의지하는 나의 믿음이 내 자신과 나의 가족의 영적 육적 관심사의 가장 작은 부분뿐만 아니라 내가 섬기는 성도와 교회, 그리고 내외성경연구원과 여러 사역의 영육간의 번영과 관련된 모든 일에까지 확산시키고 싶었다.

사랑하는 형제자매 여러분! 조지 뮬러는 성도가 도달할 수 있는 최고 수준의 믿음에 이르렀다거나, 성도라면 누구나 마땅히 본받아야 할 믿음의 표준이 되었다고 오해하는 분이 없기를 바란다. 왜냐하면 믿음 말고는 무엇 하나 내세울 것이 없으며 내가 소유한 믿음조차도 하나님이 주신 것이며 지금도 여전히 하나님이 믿음을 붙잡아주시고 증가시켜주시도록 기도하지 않으면 유지할 수 없기 때문이다. 마지막으로 경계해야 될 사단의 속임수는 조지 뮬러와 같은 믿음은 아무나 소유할 수가 없으며 그와 같이 특수한 상황에 처해 있는 사람만 소유할 수 있는 것이라고 생각하는 태도이다. 가령 열쇠와 같은 물건을 둔 위치를 잊어버린 경우에 나는 주님께서 열쇠를 둔 곳도 생각나게 해 주시도록 기도한다.

하나님께서 나의 기도에 응답해 주시기를 구하는 것이다. 나와 만나기로 약속한 사람이 약속된 시간이 지나도록 오지 않으면 이 사람이 도착하지 않으면 어떻게 하나 하는 불안한 마음이 고개를 들기 시작한다. 이럴 때면 그를 속히 보내어 만날 수 있도록 인도해 주시기를 간구하며 응답을 기다린다. 성경말씀을 읽을 때 뜻을 알 수 없는 부분을 만날 때도 성령께서 그 뜻을 밝히 깨우쳐 주시기를 간구한다. 물론 그 시기와 방법은 정하지 않은 채 성령의 인도를 받기 원한다. 하나님의 말씀을 증거할 때면 더욱 하나님의 도우심을 구한다. 육적으로는 이 말씀의 사역을 감당할만한 능력이 없을 뿐 아니라 자격이 없음을 절실히 고백하면서 말씀을 증거하기 시작한다. 하지만 낙심하지 않고 오히려 기뻐하면서 말씀을 증거한다. 하나님의 도우심을 기대할 뿐 아니라 그분의 사랑하는 아드님을 위하여 나를 도우실 줄 믿기 때문이다. 이와 동일한 믿음을 가지고 나의 현실적 필요와 영적 관심사를 위해서도 주님께 간구하며 응답해 주시기를 기대한다.

사랑하는 형제자매 여러분! 여러분도 이와 같이 할 수 있지 않은가? 다시 한번 바라지만 조지 뮬러가 다른 성도보다 뛰어난 특권을 하나님께로부터 부여받은 사람으로 보거나 나의 행동을 다른 사람은 실천할 수 없는 것으로 오해하는 일이 없기를 부탁드린다. 여러분도 응답받는 기도를 시작해보기 바란다! 하지만 시험이 없는 것은 아니다. 시험을 만

나거든 믿음으로 굳게 서서 하나님만 바라보며 계속 기도하라. 그러면 하나님의 도움의 손길을 반드시 보게 될 것이다. 하지만 시험을 만날 때 주님께 기도하지 않는 성도들이 너무나 많은데, 이것은 우리의 믿음을 성장시킬 수 있는 믿음이 자라날 기회를 포기하는 행위가 된다. 여기서 우리는 중요한 사실을 하나 더 알아야 한다.

여러분은 '거듭난 하나님의 자녀는 어떻게 믿음을 성장시켜 가는가?' 하고 물을 수 있을 것이다. 그 방법은 여기에 있다.

1. "온갖 좋은 은사와 온전한 선물이 다 위로부터 빛들의 아버지께로부터 내려오나니 그는 변함도 없으시고 회전하는 그림자도 없으시니라" 이것은 야고보서 1장 17절에 나오는 말씀이다. 믿음의 성장은 좋은 은사 가운데 하나이므로 이것은 하나님께로부터 오는 것이다. 그러므로 믿음의 성장을 원하는 성도는 하나님께 구해야 한다.

2. 하지만 믿음의 성장을 위해서는 사용해야 할 요소들이 있음을 알아야 한다.

첫째는 하나님의 말씀을 주의 깊이 읽고 묵상해야 한다. 하나님의 말씀을 읽음으로써 특히 그 말씀을 묵상하는 과정을 통해서 성도는 하나님의 본성과 성품을 더욱 잘 알아가게 된다. 또한 그분의 거룩하심과 공의 외에도 그분이 얼마나 온유하시고, 사랑이 많으시고, 은혜와 긍휼이 풍성하시며, 지혜로우시고, 신실하신 분이신지 더욱 잘 이해할 수 있게 된다. 그 결과로 가난, 육신의 질병과 장애, 사랑하는 가족의 죽음, 하나님을 섬기는 사역에서 부딪히는 어려움, 걱정이나 일거리의 부족을 경험할 때 우리를 도우실 수 있는 하나님의 능력을 의지할 수 있다. 하나님은 전능하시고 무한한 지혜를 소유하신 분으로서 곤경에 처한 하나님의 백성을 구원하시고 돕기 위해 그 능력과 지혜를 사용하신다.

수많은 사례를 성경 안에서 발견하고 하나님의 자녀를 기꺼이 도우시고 구원하시는 하나님께 의지할 수 있게 된다. 또한 이런 신뢰는 성경을 통해 하나님이 친절하시고, 긍휼이 많으시며, 은혜로우시고, 신실하신 분으로서 성경의 수많은 사례를 통해 하나님의 성품을 증명하신 것을 깨닫는데서도 비롯되는 것이다.

기도와 성경 묵상을 통해 하나님을 알고, 확신을 가지고

고아원의 간호사들

그분을 의지할 수 있게 되었다면 하나님 말씀을 읽는 것과 그 말씀을 묵상하는 일이 우리의 신앙을 성장시키는 특별한 요소들 가운데 하나임을 부인할 수 없을 것이다.

둘째는 성경에 어긋나는 일인 줄 알면서 습관적으로 그 일에 빠져드는 것을 막는 일이 매우 중요하다. 이것은 특히 믿음의 성장과도 큰 관계가 있다. 우리가 믿고 의지한다고 고백하는 하나님의 영광과 명예를 떨어뜨리려 힘쓰며 계속해서 하나님을 슬프게 하고 있다면 어떻게 모든 일에 하나님을 믿으며 구할 수 있겠는가? 시험을 만났을 때 양심에 거리낌이 있고 이런 양심의 거리낌을 없애려 하지 않고 하나님의 뜻에 어긋난 행위를 계속 즐긴다면 하나님을 향한 확신과 신뢰는 모두 사라지고 말 것이다. 이처럼 거리끼는 양심 때문에 하나님을 신뢰하지 못하는 경우에는 언제나 불신앙에 의해 믿음이 약해지는 것을 알 수 있는데, 왜냐하면 믿음은 시험받을 때마다 하나님을 더욱 신뢰함으로써 크게 성장하고 하나님의 도우심을 얻을 수도 있고, 그분을 믿지 못함으로써 더욱 위축될 수도 있다. 불신앙이 하나님만 한눈 팔지 않고 바라보는 능력을 계속해서 빼앗아 가기 때문이다. 그 결과로 하나님보다는 자신을 의지하는 습관이 형성되어 뿌리를 내리게 될 것이다.

우리는 어떤 경우에든지 다음과 같은 두 가지 경우 중에 하나를 선택하게 될 것이다. 그 하나는 하나님만을 신뢰하며 자신과 도움을 줄 수 있을 만한 사람이나 그 밖의 모든 것을 신뢰하지 않는 경우이고, 다른 하나는 자신이나 도움을 줄 사람이나 그 밖의 다른 요소들을 신뢰하며 하나님을 신뢰하지 않는 경우이다.

셋째는 우리의 믿음이 성장하기를 진실로 원한다면 믿음이 시험받을 수 있는 기회를 피하지 말고 오히려 시험을 통해 믿음이 견고해지기를 바라야 한다. 본성 면에서 우리는 하나님과 홀로 대면하기를 좋아하지 않는다. 하나님과 떨어져 지내려는 우리의 본성에 의해 하나님을 대면하지 않는다면 영원한 실재로부터 소외된 상태에 머무는 것이다. 하나님을 외면하고 자신만을 의지하려는 이런 집착은 위로부터 거듭났다는 이유로 소멸되지 않는다.

그러므로 신자가 된 후에는 하나님과의 일대일의 대면, 그러니까 하나님만 의지하고 하나님만 바라보기를 포기하려 든다. 하지만 진정으로 믿음이 성장하기를 원한다면 이곳이 바로 우리가 머물러야 할 자리이다. 나의 육신, 가족, 주님의 사역, 나의 직업 등을 통해 믿음을 시험받는 자리에 있을수록 하나님의 구원과 도우심의 손길을 경험할 수 있는 기회가 많아지며 이런 경험을 통해 우리의 믿음은 더욱 성장하기 쉬워진다. 따라서 이런 이유로 성도라면 누구나 믿음을 시험받을 수 있는 상황, 위치, 환경을 피하지 말고 오히려 자신이 처한 형편을 자신을 도와 위기를 극복케 하시려고 베푸시는 하나님의 손길을 볼 수 있는 기회로 기꺼이 환영할 수 있어야 한다.

넷째는 신앙의 성장을 위해 중요한 마지막 요소로 믿음의 시험이 닥쳐올 때, 그러니까 믿음을 세차게 뒤흔들만한 시련과 고통에 직면하여 우리의 구원만으로는 아무런 소용이 되지 못할 때 하나님이 우리를 위해 일하시게 하는 것이다. 하나님이 믿음을 주신 곳이 어느 방면이든 주목적은 바로 우리로 하여금 시험을 받게 하려는 것임을 알아야 한다.

물론 우리의 믿음이 아무리 연약할지라도 하나님은 시험을 면제하시는 법이 없으시다. 믿음을 시험하시되 믿음의 정도에 따라 견딜만하게, 차츰 강하게, 결코 서두르지 않으시며 우리의 믿음을 시험하신다. 처음에는 약하게 시작하여 차츰 강하게 시험하신다. 하지만 우리가 감당할만한 시험을 주시는 것이지 감당치 못할 시험은 주시지 않는다. 그럼에도 믿음의 시험이 닥쳐오면 대다수의 성도들은 하나님보다 자기 자신이나 유력한 친구나 더 나은 환경을 부러워하는 경향을 보이기 마련이다.

어떻게 하든지 시험에서 벗어나려고 온 힘을 쏟으려 하는 반면 하나님을 단순히 바라보고 그분의 도우심을 기다리려 하지 않는다. 하지만 하나님의 도우심을 끈기있게 기다리지 못하고 자기 힘으로 시험을 극복하려 한다면 다음 시험이 닥쳐올 때도 여전히 자신의 힘으로 시험을 극복하려고 힘쓰게 될 것이다. 이럴 때마다 우리의 믿음은 점차 약해지기 마련이다. 반면에 우리를 향해 베푸실 하나님의 손길과 하나님의 구원을 보기 위해 하나님만 의지하며 회피하지 않는다면 믿음은 성장하게 될 것이다. 믿음이 시험받을 때마다 하나님의 구원과 손길을 볼 수 있다면 우리의 믿음은 더욱 성장할 것이다.

따라서 믿음이 성장하기를 원하는 성도라면 누구나 하나님께 시간을 드리는 법을 배워야 한다. 하나님은 기뻐하시는 때가 되어야 그분의 자녀를 구하시고, 도우시기를 기뻐하심을 증명하시기 위해서 우리의 믿음을 시험하시기 때문이다.

고아원 사역 초기에 조지 뮬러와 그의 동역자들은 커다란 믿음의 시험을 수없이 겪었는데, 그 중의 몇 가지만 뮬러 자신의 기록을 통해 소개해보려 한다.

지금까지(1845년 7월) 7년 동안, 고아원 운영기금이 항상 모자라 100명이 훨씬 넘는 고아원 식구들이 사흘간을 넉넉하게 먹고 써본 적이 한 번도 없었지만, 영적으로 시험받은 적은 오직 한 번밖에 없었다.

1838년 9월 18일 처음으로 주님께서 우리 기도에 귀를 기울이시지 않는 것 같아 보였다. 하지만 하나님이 도움의 손길을 보내셨을 때야 비로소 우리의 사역을 버리신 것이 아님을 알았다. 단지 우리의 믿음을 시험하시는 것을 깨닫게 되었다. 고아원 형편은 어려웠지만 내 영혼은 담대하고 큰 격려를 받아 이후로 가장 견디기 힘든 궁핍한 시기를 맞았을 때도 불신은커녕 낙심조차 하지 않을 수 있었다.

12파운드의 선물

1838년 8월 20일 이틀 전에 받은 5파운드의 기부금을 고아원 관리비로 썼기 때문에 오늘 다시 무일푼이 되었다. 하지만 나의 눈을 들어 주님께로 향했다. 금주에 또 다시 20파운드는 안되지만 적어도 13파운드 이상의 돈이 모자란다는 사실을 알고 나서 오늘 아침에 온 힘을 다해 기도로 구했다. 기도가 응답되어 오늘 12파운드의 후원금을 한 번도 만난 적이 없는 클립톤(Clifton)에 머물고 있는 한 부인으로부터 기부받았다. 존귀하신 주님께서 나를 격려하시기 위해 이 후원금을 보내셨다.

중대한 위기

조지 뮬러는 자신이 겪은 가장 큰 시험 가운데 하나에 대해 이렇게 기록하고 있다.

1838년 9월 10일 월요일 아침 토요일인 그저께도, 주일인 어제도 후원금이 전혀 들어오지 않았다. 더 이상 미루지 말고 바닥난 재정을 위해 어떤 조치를 취하지 않으면 안된다고 생각했다. 고아원에 가서 형제자매들을 모두 소집하여 (운영기금이 떨어진 상태에 대해 전혀 알지 못하는 T형제는 제외하고) 고아원의 바닥난 재정 상태를 설명하고 부족한 재정이 얼마인지 알려준 다음, 이 믿음의 시험 가운데서도 나는 하나님이 우리를 반드시 도와주셔서 부족한 재정을 채워주실 줄 확신하므로 기도할 것을 요청하리라고 마음먹었다. 특히 빠뜨리지 말아야 할 당부는 우리의 재정 안에서 지불할 수 있는 것보다 많은 물품을 사서는 안되지만 어린이들에게는 모든 면에서 부족함이 없도록 보살피자는 것과 특히 영양가 있는 음식과 꼭 필요한 옷은 모자라지 않도록 힘쓰자고 당부하리라 생각했다. 왜냐하면 어린이들을 부족한 상태에서 돌보기보다는 지체하지 말고 연고자에게 돌려보내는 것이 낫다고 생각했기 때문이다. 고아원에 가지 않으면 안될 이유가 또 한 가지 더 있었다. 후원자가 팔아서 후원금에 보태라고 기증한 물건이 팔리지 않고 남아있는지 확인하고 당장 필요하지 않은 물품들은 없는지 살펴서 팔아 재정에 보태야 하기 때문이었다. 문제가 심각한 상태에 이르렀음을 직감할 수 있었다. 9시 30분이 조금 지나 6펜스의 기부금이 들어왔다. 누군가가 기드온 예배실에 놓인 헌금함에 넣은 것이었다. 이 돈은 하나님이 긍휼을 베푸셔서 더 많은 후원금을 보내시리라는 증거처럼 여겨졌다. 믿음 안의 신실한 형제 크레이크를 찾아가 고아원이 처한 형편을 털어놓고 하나님의 도우심을 함께 간구 드린 다음, 고아원에 돌아와 보니 10시가 거의 다 되었을 무렵이었다. 도착하자마자 후원금이 들어왔다는 소식이 들렸다.

한 자매가 나의 아내를 찾아와 고아원을 위해 써달라고 1파운드짜리 금화 두 개를 후원금으로 기부하면서 주님께서 고아원에 기부하려는 마음을 오래 전에 주셨는데도 좀 더 일찍 기부금을 전달하지 못해 미안한 마음을 표현했다고 한다. 잠시 후에 후원금을 기부한 자매가 기다리는 방으로 찾아갔더니 그 자매는 1파운드짜리 금화를 두 개 더 기부했다. 물론 이 후원금은 우리 고아원의 어려운 형편을 조금도 알지 못한 가운데 기부한 것이었다. 이처럼 하나님께서는 풍성한 긍휼을 베푸심으로써 적은 헌금이지만 나의 믿음에 큰 위로를 얻게 하셨다. 이 자매가 돌아가자마자 영아고아원에 2파운드, 소년고아원에 1파운드 6펜스, 소녀고아원에 1파운드를 나눠주었다.

소중한 도움의 손길 (두 배의 기쁨)

1838년 9월 17일 고아원의 어려운 형편이 나아지기는커녕 날이 갈수록 나빠져 믿음이 흔들리려 하고 있다. 이처럼 오랫동안 도움의 손길을 위해 기도시키시는 데는 주님의 지혜로운 뜻이 있는 것이 틀림없다. 하지만 우리가 기다릴 수만 있다면 하나님이 반드시 도움의 손길을 보내실 것을 믿는다.

날품팔이 일을 하는 한 남자가 찾아와 가진 것이 없는 가운데서 12실링 6펜스를 기부했고, 한 여성 노동자는 고아원을 찾아와 자신이 지닌 돈의 전부인 11실링 8페니를 후원금으로 기부했다. 이 기부된 돈과 수중에 지니고 있던 돈을 합해 갚을 돈을 갚고, 필요한 물품을 사고 나니 어쨌든 모자란 것이 하나도 없었다. 오늘 저녁에는 약속받은 상당한 액수의 후원금이 지연되고 있는 점이 더 나를 피곤하게 만들었다. 주님의 위로를 얻기 위해 성경을 읽고 나니 내 영혼이 더욱 새로워졌다. 특히 시편 34편 말씀에 다시 확신을 얻고 나서 기쁜 마음으로 동역자들을 찾아가 함께 기도했다. 그들에게 시편 말씀을 읽어주고 그 안에 포함된 귀중한 약속에 의지하여 동역자들의 마음을 기쁘게 하려 힘썼다.

9월 18일 T형제는 수중에 25실링이 남았고, 나는 3실링이 남았다. 이 돈을 합한 1파운드 8실링으로 필요한 고기와 빵과 소량의 차(茶)와 어린이들 모두가 먹을 수 있는 분량의 우유를 살 수 있었다. 오늘은 더 필요한 것이 없다. 이처럼 주님께서는 오늘 우리에게 필요한 모든 물품을 공급하셨을 뿐 아니라 내일과 모레 먹을 빵까지 넉넉히 채워주셨다. 하지만 재정 면에서는 여전히 어려운 상태에서 벗어나지 못하고 있었다. 고아원 운영기금이 다 떨어졌기 때문이다. 남은 돈이 거의 없던 동역자들까지도 소유한 것을 모두 내놓았다.

그러나 주님께서 어려운 형편에 처해 있던 우리를 어떻게 구하셨는지 들어 보라! 런던 지역에 살던 한 부인이 브리스톨에 와서 고아원 바로 옆에 머문 지 4,5일이 지나서야 그 부인의 딸이 보낸 현금과 소포를 가지고 고아원을 방문했다. 오늘 오후에 이 부인이 기부한 후원금은 모두 3파운드 2실링 6펜스였다.

우리는 그때 당장 필요치 않은 것이라면 무엇이든 팔아야 할 정도로 절박한 상황에 처해 있던 중이었다. 우리의 물품을 팔지 않고도 어려움을 모면할 수 있도록 인도해 주시기를 오늘 아침에 다시 한번 주님께 기도 드렸는데, 주님께서 예비하신 후원금이 고아원 바로 옆에서 며칠 동안이나 전달되지 않은 채 머물러 있었다는 사실은 도움의 손길을 구하기 시작한 바로 그 시간부터 주님이 우리를 도우려는 생각을 마음에 품고 계셨음을 보여주는 분명한 증거였다.

하나님은 자녀들의 기도를 기뻐하시기 때문에 그처럼 오랫동안 기도하도록 만드심으로써 우리의 믿음을 시험하심과 동시에 기도의 응답이 더욱 달콤하도록 인도하신 것이다. 참으로 무엇과도 바꿀 수 없는 소중한 주님의 구원의 손길이었다. 후원을 받은 다음, 그 순간 나는 혼자 있음을 감사하면서 소리 높여 주님을 찬양했다. 저녁에는 동역자들과 함께 놀라운 도움의 손길을 베푸신 하나님께 감사의 기도와 찬양을 드렸다. 우리 모두 무척 기뻐했다. 오늘 들어온 후원금은 저녁에 바로 모두 나누어주었으므로, 내일 필요한 것은 내일 모두 넉넉히 채워질 것이다.

03
새 고아원

　고아원이 윌슨가에 자리 잡게 되자 그곳 주민 가운데 불평하는 사람이 나타나기 시작했다. 주민들의 불평을 들어오던 조지 뮬러는 고아원 문제를 해결하기 위해 오랜 기도 끝에 300명의 어린이들을 수용할 수 있는 규모의 고아원을 다른 곳에 세우기로 결심하고 주님께 간구하기 시작했다.

1846년 1월 31일 고아원 건물을 새로 짓고 옮기는 문제를 놓고 주님께 날마다 기도한 지 89일째가 되었다. 고아원을 새로 지을 땅을 주님께서 주실 때가 가까워졌다는 믿음의 확신이 생겨 고아원 건축을 위한 토요일 저녁 정기 기도 모임에서 내게 주신 확신을 형제 자매에게 들려주었다.

2월 1일 수입이 넉넉하지 않은 한 과부가 오늘 10실링의 후원금을 기부했다.

2월 2일 오늘 나는 애슐리 다운에 새 고아원을 짓기에 알맞은 값싼 땅이 있다는 소식을 들었다.

2월 3일 애슐리 다운에 있는 고아원 신축 후보지를 찾아가 보았다. 지금까지 본 땅 가운데서 가장 마음에 드는 곳이었다. 이날 고아원에 있는 모금함에 누가 기부했는지 모를 1파운드짜리 금화 1개가 들어있었다. 함께 남겨진 쪽지에는 '새 고아원을 위해 써주세요' 라는 글이 쓰여있었다.

2월 4일 오늘밤에 나는 애슐리 다운에 보아 둔 고아원 신축후보지의 땅주인을 방문하여 2일에 들었던 소식을 확인해 보려했지만 주인이 집에 없어 만나지 못했다. 하지만 그 땅의 주인이 그의 사무실에 있다는 소식을 듣고 그곳으로 찾아갔지만 내가 도착하기 바로 직전에 떠났다고 해서 두 차례나 시도한 만남은 이루어지지 않았다. 그로부터 한 시간 후에 땅 주인의 집으로 직접 방문하려 했으나 그의 집 하인에게서 주인이 8시경에는 분명히 집에 돌아올 것이라는 소식을 들었다. 땅주인을 만나려고 애를 썼지만 만나지 못하게 된 사실을 깨달은 나는 '하나님의 손길이 개입하셨구나.' 라고 여기고 이 날 밤에 주인의 저택을 찾아가지 않았다. 땅주인을 만나는데 가장 좋은 방법은 무리하게 찾아가지 않고 '인내를 통해 때가 무르익기'를 기다리기로 하였다.

2월 5일 오늘 아침에야 그 땅을 소유한 주인을 만날 수 있었다. 그 주인은 오늘 새벽 3시에 문득 잠이 깼는데 웬일인지 다섯 시까지 잠이 오지 않았다고 말했다. 깨어있는 동안에 땅주인의 마음은 고아원을 짓겠다고 땅을 팔라고 한 나의 요구에 온통 집중되어 있었다고 한다. 많은 생각 끝에 땅주인은 내가 사려고만 한다면 팔겠다고 허락할 뿐 아니라 땅의 가격도 자신이 전에 요구한 에이커당 200파운드에서 80파운드를 깎아 120파운드에 팔겠다고 결심했다고 했다. 우리 주님은 얼마나 선하신 분이신가! 오늘 아침에 땅주인과 계약한 나는 70에이커에 가까운 그 땅을 평당 120파운드의 가격으로 모두 살 수 있었다.

 어제 저녁 8시에 주인의 집으로 찾아가지 않도록 인도하신 하나님의 손길을 보라! 주님은 땅주인의 잠 못 이루는 밤을 통하여 땅을 파는 일이 생각나게 하신 끝에 나를 만나기 전에 그 땅의 가격을 내려 팔기로 결심하도록 인도하신 것이다.

성가시게 조르는 기도 때문에

 1846년 11월 19일 요즈음 들어와 더욱 더 주님께 조르는 기도를 많이 드린다. 고아원 건축에 없어서는 안될 재정을 보내주시도록 기도하기 때문이다. 고아원을 새로 지어야 할 이유는 전에 소개한 것과 같이,

 첫째, 우리 고아원이 자리 잡고 있는 윌슨가의 주민 중 일부가 고아원이 그곳에 있어 불편하다는 의견을 내놓기 시작했기 때문에, 가능하다면 빠른 시일 내에 다른 곳으로 고아원을 옮기고 싶었기 때문이다.

 둘째, 새로운 고아원이 세워지면 어린이들의 신체 발달

측면에서나 도덕 발달 면에서도 크게 이로울 것이라는 점을 더욱 확신하게 되었기 때문이다.

셋째, 고아원에 들어오기를 기다리고 있는 의지할 곳 없고, 가난한 수많은 고아들의 고아원 입원 신청이 끊이질 않았기 때문이다.

정원에서 개와 함께 노는 아이들

하지만 하나님이 원하시는 날짜보다 단 하루라도 빨리 건축을 시작하고 싶은 마음은 추호도 없었으며, 건축에 필요한 예산은 한 푼도 모자라지 않게 하나님이 채워주실 것이라고 확신하는 동안 하나님이 기뻐하시는 기도에 대해 새로이 깨닫게 된 교훈이 있었다.

하나님은 성도가 그분을 진지하게 대하는 것을 기뻐하시며 기도할 때는 포기하지 말고 성도가 세게 하나님께 조르는 기도를 좋아하신다는 것이었다. 이 사실을 분명히 보여주는 성경말씀이 누가복음 18장 1절에서 8절에 나오는 과부와 불의한 재판관의 비유이다.

어제 저녁때에 이 세 가지 이유에 근거하여 고아원 건축에 필요한 더 많은 재정을 허락해 주시도록 다시 한번 전심을 다해 기도했다. 이처럼 성가시게 조르며 기도하는 데는 또 다른 이유가 있었다. 지난달인 10월 29일부터 적기는 하지만 고아원 건축을 위한 후원금이 들어오기 시작했기 때문이다. 오늘 새벽 5시에서 6시 사이에 다시 한번 건축 기금을 위해 기도한 다음 오랫동안 하나님의 말씀을 읽고 묵상했다. 말씀을 읽다가 마가복음 11장 24절 말씀에 이르렀다. "그러므로 내가 너희에게 말하노니 무엇이든지 기도하고 구하는 것은 받은 줄로 믿으라 그리하면 너희에게 그대로 되리라" 이 말씀에 포함된 진리의 중요성을 지금까지 여러 번 체험해왔을 뿐 아니라 설교하기도 했지만, 이날 아침에는 더욱 분명하게 깨달아졌다. 이 말씀을 새 고아원 건축에 적용하여 주님께 간구했다. '주님께서 고아원을 짓는데 필요한 모든 것을 공급해 주실 줄 믿습니다. 기도 응답을 통해 받은 줄 믿으므로 필요한 것들을 모두 주실 줄 믿습니다.'

평강이 넘치는 마음으로 그 다음 구절과 마가복음 12장을 읽어나갔다. 가족기도회를 마치고 난 다음에 다시 평소에 하던 대로 고아원 사역을 위해 주님께 기도드렸다. 고아원 사역에 힘쓰는 동역자들과, 성경과, 신앙성장을 위한 소책자의 반포사업과 내외성경연구원 내에 개설된 성인학교, 가족주일학교, 주간학교(Six Day school)와 네 개의 고아원에 속한 소중한 영혼들에게 복을 주시도록 간구했다. 끝으로 고아원 건축기금을 위해 다시 한번 간절히 기도드렸다.

하나님이 기도에 어떻게 응답하셨는지 들어 보라. 기도를 끝내고 무릎 꿇은 상태에서 일어난 지 5분이 채 지나기도 전에 등기우편으로 부쳐진 편지 한 통을 받았는데, 그 속에는 300파운드짜리 수표가 들어있었다. 이 거액의 후원금은 건축기금으로 280파운드, 나의 사역을 위한 경비로 10파운드, 나머지 10파운드는 크레이크 형제를 위해 쓰도록 기부된 것이었다. 이처럼 귀중한 격려를 보내주신 주님의 거룩한 이름을 찬양하리! 이 후원금까지 합해 건축기금으로 모금된 액수는 모두 600파운드를 넘게 되었다.

제1 고아원의 건축

1847년 1월 25일 한 겨울이 지나 건축을 시작할 수 있는 때가 다가오고 있다. 그래서 나는 더욱 진지하게 기도에 몰두하며 우리를 위해 유익하다고 여기시면 모자라는 건축기금을 속히 채워주시도록 주님께 강청하는 기도를 끊임없이 드리고 있다. 최근에 와서 차츰 더욱 분명하게 느끼는 점은 주님께서 고아원 건축을 시작하는데 필요한 기금을 모두 채워주실 때가 점점 더 가까워지고 있다는 것이다. 지금까지 온갖 강청거리를 하나님 앞에 가지고 나가 간구해 왔는데 이날 아침도 주님 앞에 나가 건축기금을 위해 하나님을 조르며 기도했다.

오늘로서 고아원 건축을 위해 기도한 지 14개월 3주가 되었다. 이날 아침에도 기도를 마쳤을 때 하나님께서 부족한 건축기금을 채우실 수 있을 뿐 아니라 가까운 시일 내에 그것을 채우시리라는 것을 확신할 수 있었다. 이 14개월 3주 동안 나는 건축에 필요한 기금을 모두 마련할 수 있으리라는 것을 한 번도 의심한 적이 없다.

사랑하는 형제자매 여러분! 나와 함께 기뻐해 주시기 바란다. 오늘 아침 기도를 드린 지 한 시간이 채 못 되어 총액 2,000파운드의 돈이 건축기금으로 기부되어졌다. 이 후원금까지 합하면 고아원 건축기금은 모두 9,285파운드 3실링 9.5펜스가 된다. 이 기부금을 받는 순간 하나님 안에서 소유한 기쁨은 글로써 다 형용할 수가 없고, 경험한 사람만이 알 수 있을 것이다. 447일간 하루도 거르지 않고 하나님께 기도한 끝에 이 금액에 이를 수 있었던 것이다. 하나님을 믿고 끈기있게 기다림으로써 우리 영혼이 얻을 수 있는 축복은 얼마나 큰 것인가! 이로 인해 기도로 하나님의 일을 수행하는 것이 얼마나 귀중한 것인지 명백히 드러나지 않았는가? 돈을 얻는 데도 기도하는 것이 얼마나 소중한지는 말할 필요도 없다.

제1 고아원을 건축하기 위해 모인 기금은 모두 15,784파운드 18실링 10펜스에 이르렀다.

제2, 제3 고아원

1862년 3월 12일 고아원 수용 규모를 300명에서 1,000명으로 늘리려고 생각하기 시작한 때는 1850년 11월이었다. 1851년 1월이 되어서는 수용규모를 1,150명으로 늘리기로 결정했다. 7개월 동안 아무에게도 내 뜻을 얘기한 적이 없지만 하루도 빠지지 않고 기도하다 보니 이런 나의 뜻을 모두 알게 되었다. 1850년 11월 말일부터 1862년 3월 12일 오늘까지 하루도 거르지 않고 하루에 한 번 이상씩 고아원 확장을 위해 기도해 왔다. 하지만 오늘에 이르러서야 제3 고아원의 개원을 눈앞에 두고 있다.

존경하는 형제자매들이여! 먼저 생각해 보라. 수천 수만 번 드린 우리의 기도가 온전히 응답될 때까지 얼마나 오랜 시간이 걸렸는지 보라. 그동안 드려진 기도는 믿음과 진지한 마음으로 드려진 기도였을 뿐 아니라 주 예수의 이름으로 드려진 것이었다. 또한 주님의 영광을 위해서 응답되기를 바라는 기도였음에도 말이다. 더구나 하나님의 은혜 가운데 결코 한 순간도 의심하지 않고 드린 기도이며 오직 하나님의 영광을 위해 드린 기도였음에도 불구하고 온전히 응답받기까지 무려 11년 이상이 걸린 것이다.

동역자를 위해 매일 세 번씩 기도함

제2 고아원을 지을 때와 마찬가지로 제3 고아원을 지을 때도 나는 매일 고아원의 각 분야를 맡아 줄 담당자와 그들을 보조할 사람들을 보내주시도록 기도했다. 제3 고아원의 초석이 놓이기도 전에 기도를 시작해서 건축이 진행되는 동안 하루도 빠짐없이 주님 앞에 기도드렸다. 이 모든 사역이 주님의 영광을 위해 계획되었으므로 다른 모든 일에도 하나님의 은혜로 채워주신 것처럼 동역자를 구하는 일도 반드시 해결해 주시리라고 확신했다.

마침내 제3 고아원이 완공되어 문을 여는 날이 다가왔다. 고아원의 각 분야에서 일할 동역자들을 채용하기 위해 지난 2년여간 신청받아 온 지원자들을 심사할 때가 다가온 것이다. 하지만 다양한 분야에 지원한 50명가량의 신청자 가운데 이미 결혼했거나, 범죄혐의가 있어 조사 중인 사람들은 부적합한 것으로 밝혀져 새로운 지원자가 더 필요하게 되었다. 이것은 적잖게 믿음을 동요시켰다. 오랫동안 하루도 빠뜨리지 않고 제2 고아원처럼 좋은 동역자들을 충분히 보내 주시도록 기도해 왔기 때문이다. 또한 성경에 약속하신 대로 좋은 동역자들을 보내실 줄로 믿었을 뿐 아니라 이미 보내신 줄로 확신하며 기도해 왔건만 도움이 절실히 필요한 지금까지 충분한 동역자를 구하지 못했기 때문이다.

사랑하는 형제자매여! 여러분이 이런 형편에 처했다면 무엇을 해야 할 것인가? 하나님이 신실하지 않으시다고 비난해야 옳은가? 하나님을 신뢰하지 않아야 하는가? 기도하는 것은 쓸데없는 일이라고 말해야 하는가?

결코 그럴 수는 없는 것이다. 오히려 나는 고아원 확장을 위해 주님께서 베푸신 모든 은혜에 대해 감사드렸다. 또한 크나 큰 난관들을 수없이 극복할 수 있게 인도하신 하나님께 감사 드렸다. 제2 고아원에서 함께 일할 좋은 동역자들을 보내주셨음을 감사드렸다. 그리고 제3 고아원을 위해서도 훌륭한 동역자들을 이미 보내신 줄로 믿고 감사 드렸다. 결코 하나님을 불신하지 않았다. 이처럼 온전한 기도 응답이 지연되는 것은 믿음에 대한 시험으로 생각하고 이 문제를 놓고 지금까지 해 오던 것처럼 나의 아내와 함께 하루에 한 번씩 기도하는 대신 하루에 세 번씩 하나님께 가지고 나아가 간구 드렸다.

모든 동역자에게도 이 문제를 내어놓고 함께 기도해 줄 것을 부탁했다. 좋은 동역자들을 보내주시도록 매일 세 번씩 기도한 지 벌써 네 달이 가까워 온다. 드디어 그 결과가 나타났다. 주님께서는 너무 지체되거나 사역에 혼동을 초래하거나 어린이들을 받아들이는데 장애가 되지 않게 좋은 동역자들을 한 사람씩 보내 주셨다. 빈자리를 채울 동역자가 진정으로 필요할 때마다 보내 주실 것을 또한 온전히 확신하게 되었다.

기도와 인내로 넘어선 난관들

조지 뮬러는 고아원 건축기금으로 5,000파운드를 기부받은 후에 제4, 제5 고아원 부지 매입한 일과 연관된 일화들을 이렇게 소개한다.

제4, 제5 고아원 건축기금으로 5,000파운드를 기부받은 것까지 포함하면 1894년 5월 26일부터 지금까지 기부받은 고아원 건축 기금은 모두 2만 7천 파운드가 넘는다. 우리는 지금까지 끈기있게 하나님의 때를 기다려 왔다. 제4, 제5 고아원 건립에 필요한 기금의 절반이 모금될 때까지는 어떤 일도 시작하지 않으리라고 결심했다. 하지만 이제 두 군데의 고아원을 짓는데 필요한 기금의 절반이 넘는 2,000파운드의 기금이 모아졌으니 기도로 하나님의 인도하심을 한 번 더 구한 후에 기꺼이 부지를 매입하려고 나섰다.

오랫동안 고아원 부지로 적합한 땅을 보아둔 곳이 한 군데 있었다. 이곳은 제3 고아원이 세워진 곳과 유료도로 하나를 사이에 두고 있는 땅으로 전체 크기는 18에이커쯤 되는데 한 쪽 끝에는 집 한 채와 여러 채의 헛간이 세워져 있었다. 우리가 지난 몇 년간 수없이 기도해 온 기도 내용은 '저희를 긍휼히 여기사 바로 이곳에 두 채의 고아원을 더 짓도록 인도하여 주옵소서.'였다. 믿음의 눈으로 수없이 이 땅을 바라보며 기도해 왔기 때문에 말하자면 이 땅은 내가 기도하며 눈물로 적셔진 땅인 셈이었다. 하나님께 더 먼저 구했더라면 몇 년 전에 이 땅을 샀을 지도 모른다. 그때는 이 땅을 사고도 남을만한 돈을 가지고 있었기 때문이다.

하지만 나는 끈기있게 하나님께 복종하며 그분이 원하시는 때가 이르기를 기다리고 싶었다. 하나님께서 때가 이르렀다고 분명히 말씀하시며 그 뜻에 따라 땅을 사라고 말씀하실 때까지 기다렸다. 왜냐하면 내가 어떤 일을 성취시키더라도 그것은 주님의 일이 아니라 언제나 내 일이므로 어떤 하나님의 은총도 기대할 수가 없기 때문이다. 하지만 이제 주님의 뜻이 분명히 나타났을 뿐 아니라 땅을 사서 그 위에 제4 고아원을 지을 여유가 충분했으므로 하나님의 인도를 끊임없이 구하면서 일을 진행시켰다. 이 일이 하나님이 원하시는 일이 분명하다는 확신이 사라지지 않았으므로 나는 고아원 건립계획을 실천에 옮겨야했다.

제일 먼저 내가 할 일은 땅 주인을 대신하는 부동산 중개업자를 만나 그 땅을 팔 뜻이 있는지 확인하는 일이었다. 부동산 중개업자는 그 땅이 팔려고 내놓은 땅이지만 1867년 3월 28일까지는 임대기간이 남아있다고 알려주었다. 또한 그 땅 매매가격은 추후에 편지로 알려주겠다고 했다. 우리는 눈앞에 큰 난관을 만난 셈이었다. 땅을 사려면 임대기간이 끝날 때까지 무려 2년 4개월을 더 기다려야만 했다. 땅을 매입하면 제4 고아원 건립 계획을 세워 건축업자와 계약을 체결하고, 그리고 나서 6개월 안에 고아원에 입주할 수 있다는 점이 마음에 꼭 들었었는데, 그러나 나는 이런 난관에 부딪쳤다고 실망하지 않았다. 주님께 기도하면서 그 땅을 임대한 사람에게 충분한 보상금을 주어 계약 만기가 되기 전에 그곳을 떠날 수 있도록 한다면 서로 만족할만한 해결책을 찾을 수 있으리라고 보았기 때문이다. 하지만 여기에는 두 가지 큰 난관이 놓여있었다. 하나는 그 땅 주인이 땅 가격으로 7,000파운드를 요구했기 때문이다. 그러나 나는 그 땅의 가치가 가격보다 훨씬 더 많다고 생각했으므로 이 점은 문제가 되지 않았다. 다른 하나는 브리스톨시 수도국이 바로 이 땅 위에 새로운 급수시설을 증설하기 위해 관련 법안을 통과시키려 추진하고 있다는 점이었다.

존경하는 믿음의 형제자매들이여! 지금까지 주님께서 얼마나 풍성한 재정을 내게 허락하셨으며, 내가 이 일을 고아원 부지를 매입하라는 하나님의 뜻으로 알고, 부지 매입을 위해 수천 번 기도한 끝에 여기까지 이르렀을 뿐만 아니라, 수많은 고아들이 새로 지은 고아원에 들어오려고 기다리고 있다는 사실을 여러분은 잘 알게 되었으리라 생각한다. 하지만 주님은 5,000파운드의 기부금을 얻게 하심으로써 그 땅을 매입하기를 원하는 주님의 뜻을 우리에게 분명히 드러내신 다음, 무슨 이유로 고아원부지 매입에 치명적 타격을 받게 하신 것일까? 그렇지만 이 일은 새삼스러운 경험이 결코 아니다.

주님을 알아 온 이후로 수백 번도 넘게 겪어 온 일이기 때문이다. 일이 성사되기 바로 전에 이런 난관이 닥치도록 허용하시는 까닭은 우리가 믿음과 인내를 발휘하여 보다 더 많이 기도하고 인내하고 믿음으로 난관을 극복하게 하시기 위해서이다. 하지만 주님을 알기 때문에 이런 난관들은 내게 극복할 수 없을 정도로 큰 문제가 아님을 알고 있다. "여호와는 또 압제를 당하는 자의 산성이시오 환난 때의 산성이시로다 여호와여 주의 이름을 아는 자는 주를 의지하오리니 이는 주를 찾는 자들을 버리지 아니 하심이니이다" 라는 시편 9편 9-10절의 말씀에 따라 주님을 의지할 것이기 때문이다. 따라서 부지 매입과 연관하여 일어난 이 문제들을 놓고 전심을 다해 진지하게 기도 드렸다. 이 문제들에 대해 하루도 거르지 않고 몇 번씩 기도 드리는 한 편, 다음과 같은 방법도 함께 사용했다.

1. 나는 브리스톨시 수도국의 담당 과장을 만나 그들이 급수시설을 증설하려고 계획한 땅을 매입하려 한다고 소개한 뒤 그들의 급수시설 증설계획서에서 본 내용에 관해 이야기하기 시작했다. 그들은 정중한 태도로 그 땅의 극히 일부만을 구입하면 충분히 급수시설을 증설할 수 있으므로 그 땅을 매입하려는 나의 계획에 조금도 지장을 초래하지 않을 것이라고 말했다. 더 나아가 그 땅이 전부 필요하다면

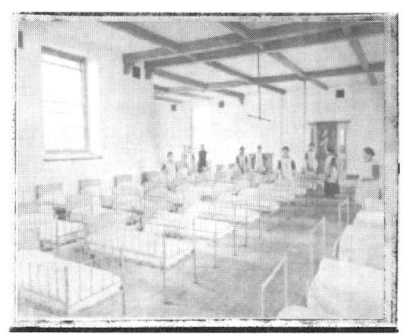

아기들을 위한 소아용 침대들

급수시설 증설계획을 철회하겠노라고 약속했다.

2. 수도국과의 문제가 해결되었으므로 주님께 많은 기도를 드리고 난 후에 그 땅을 임대받은 사람을 찾아갔다. 그 이유는 내가 그리스도인이므로 할 수 있다면 가장 좋은 분위기 속에서 그 땅을 사고 싶었기 때문이다. 그 땅을 임대한 사람과 처음 만나 나의 의도를 밝힌 후에 서로가 즐거워하는 가운데 문제를 해결하고 싶다고 말했다. 그 사람은 나의 제안을 며칠 생각해 본 후에 자신의 뜻을 밝히겠다고 약속했다. 한 주일 후에 다시 찾아갔을 때, 그 사람은 계약기간이 만료될 때까지 그 땅에 살 마음으로 집과 땅에 많은 정성을 기울였지만, 내가 그 땅을 고아원을 세우려는 귀한 목적으로 매입하겠다면 그 땅이 만기가 돌아오기 전에 이사를 가는 대신 만족할만한 보상을 해 주면 좋겠다고 하며 고맙게도 선선히 응락해 주었다. 그렇지 않아도 그 사람이 납득하고 수긍할 만큼 충분하게 보상하려 했으므로 이런 응락은 매우 소중한 기도 응답으로 여기지 않을 수 없었다.

3. 이제 세 번째 난관인 그 땅 매입가격의 문제에 이르렀다. 나는 그 땅이 고아원을 짓기에 얼마나 큰 가치가 있는 땅인지 너무나도 잘 알고 있었다. 하지만 그 땅 주인이 요구

한 금액은 당시 땅이 거래되는 시세에 비추어 볼 때 너무나 비싼 가격이었다. 그래서 날마다 기도하며 주님께서 주인의 마음을 감동시키셔서 처음에 요구한 금액보다는 낮으면서도 시세에 비해 그다지 차이가 나지 않는 가격으로 땅을 팔도록 인도해 주시기를 간구했다. 그리고 나서 땅 주인에게 왜 그 땅이 그가 제시한 가격만큼 큰 가치를 지니고 있지 않은지 그 이유를 상기시켜 주었다. 마침내 땅 주인은 처음에 제시한 7,000파운드를 철회하고 5,500파운드를 받고 땅을 팔기로 동의했다. 나는 그 제안을 기꺼이 받아들였다. 이 땅은 평평하여 땅을 고르지 않아도 되기 때문에 두 채의 고아원을 지을 때 상당한 금액의 공사비를 줄일 수 있을 뿐 아니라, 몇 달 전에 완공된 그 부지 옆에 있는 유료도로 밑을 지나 흐르는 새 하수구 덕분에 큰돈을 들여 따로 배수시설을 만들지 않아도 된다는 것을 알기 때문에 내린 결정이었다. 또 하나 밝히지 않을 수 없는 사실은 세 군데의 고아원에 이미 설치하여 사용하고 있는 가스를 브리스톨시에서 끌어다 사용할 수 있다는 잇점도 있었다. 마지막으로 무엇보다 중요한 점은 이 부지가 다른 세 고아원에서 멀지 않은 곳에 자리 잡고 있어 다른 고아원들을 오가며 돌보기가 매우 수월하다는 점을 빼놓을 수가 없다. 실제로 주님께서 우리에게 허락하신 이 땅보다 고아원을 세우기에 더 유익한 땅은 멀리든 가까이든 그 어디에도 없을 것이다.

제4, 제5 고아원 부지를 매입하는 과정에서 만난 모든 문제가 해결되었으므로 양도받은 땅을 소유하기 위해 제1, 제2, 제3 고아원의 재산 관리인에게 가서 법적 절차를 밟았다. 이처럼 상세한 부분을 빼지 않고 모두 이야기하는 이유는 독자들을 격려하기 위해서이다. 이 글을 읽는 형제자매들 가운데 크든 작든 어떤 종류이든 어려운 문제를 만나서 포기하지 않고 주님의 도우심을 바라며 전심으로 기도하면 주님이 원하시는 때에 원하시는 방법으로 응답하신다는 사실을 결코 잊어서는 안된다.

제4, 제5 고아원

1874년 3월 5일 제4 고아원과 제5 고아원은 문을 연 이래로 여러 해 동안 고아들을 돌보며 하나님의 자녀로 양육하고 있다. 제4 고아원은 1868년 11월에 개원했고, 제5 고아원은 1870년 초에 개원하여 벌써 1,200명 이상의 원아들을 받아 돌보고 있으나 날이 갈수록 고아들의 수가 증가하고 있다. 그리고 장성한 고아들은 실습생이나 하인으로 고용되어 사회인으로서 진출하여 성실하게 활동하고 있다.

게다가 두 고아원의 건축, 수리, 가구를 매입하는데 드는 비용이 모두 채워졌고 경비가 늘 때마다 모두 지불했을 뿐 아니라 수천 파운드의 기금이 남아 있어 건물 유지를 하고 보수하는 비용으로 사용하고 있다.

존경하는 믿음의 형제자매 여러분! 하나님께서 얼마나 풍성하게 기도에 응답하셨는가! 하나님의 뜻이 확인될 때까지 끈기있게 기도에 전념한 것이 결코 실수가 아니었음이 분명히 드러나지 않았는가! 따라서 여러분도 이 사실에 담대함을 얻어 살아 계신 하나님을 보다 굳게 의지하기 바란다.

04
소중한 기도 응답

하나님께서는 우리가 상상하지 못할 놀라운 방법들을 통해 조지 뮬러를 도우셨다. 그의 일화집에 나타난 몇 가지 실례를 중심으로 하나님의 놀라운 기도 응답 사례를 살펴보기로 하자.

어떤 화가의 첫 수입

1859년 4월 30일 브리스톨에서 멀리 떨어진 곳에 사는 사람으로부터 편지 한 통을 받았다. 이 편지에는 다음과 같은 사연이 써 있었다.

사랑하는 주 안의 형제님! 저는 이 편지를 통해 금화 2파운드를 기부하는 부인의 남편되는 사람입니다. 언제나 최고의 이자를 붙여주시며 결코 파산하는 법이 없는 그리스도의 은행에 예금하는 것보다 저희 부부가 간직한 이 사랑이 넘치는 추억이 담긴 보화를 더 잘 보관하는 법이 어디 있겠습니까? 내게 가장 뛰어난 영적 상담자이신 형제님, 지금 저의 가슴에 넘치는 이 큰 기쁨을 어떻게 다 표현할 수 있겠습니까만, 이 기부금을 보낼 수 있게 된 과정을 말씀드리고 싶습니다.

저는 예술가입니다. 가진 것도 별로 없는 무명의 화가랍니다. 브리스톨에서 미술전람회가 열린다는 소식을 듣고 2주쯤 전에 제 작품 한 점을 전람회에 출품했습니다. 마침 당신이 빌려준 책을 다 읽었을 때 아내와 저는 가장 겸손하고 진지한 마음으로 하나님께 '브리스톨 미술전람회에서 제 작품을 팔 수 있도록 인도해 주셔서 팔린 그림 값의 절반을 뮬러씨에게 기부할 수 있는 복된 특권을 허락해 주옵소서'라고 간구드렸습니다. 제 그림의 판매 가격은 20파운드였습니다. 그런데 하나님이 어떻게 역사하셨는지 압니까? 전람회가 시작되자마자 긍휼하신 하나님이 저의 진심어린 기도에 응답하셔서 제게 그림을 살 사람을 보내

주셨습니다. 예전에도 여기서 열린 미술전람회에 제 작품을 출품한 적이 있지만 한 점도 팔지 못했습니다.

오, 나의 사랑하는 친구여! 나의 가슴이 기쁨으로 마구 뛰고 있습니다. 하나님이 이처럼 가까이 계신 것을 지금까지 한 번도 느껴 본 적이 없습니다. 당신 덕분에 보다 진지한 마음과, 보다 큰 믿음과, 보다 거룩한 열망을 가지고 하나님께 더 가까이 나갈 수 있게 되었습니다. 이 돈은 작년 한 해 동안에 제가 기울인 노력에 대해서 하나님이 축복하신 결과로 얻은 첫 수입입니다. 내가 첫 수입을 얻다니! 이 얼마나 놀라운 큰 축복인지요! 오, 얼마나 기쁘게 형제님이 준 책을 읽었는지 모릅니다. 이 그림은 지금도 클립톤에 있는 예술원에 전시되고 있는데 작품번호는 ㅇㅇ 번이고, 제목은 ㅇㅇ 입니다. 전람회가 끝난 후에라야 작품 값을 받을 수 있답니다. 그때 후원금을 보내드릴 것을 먼저 이 글로써 약속드립니다.

이런 편지는 지난 40년 간 수없이 받아왔다.

북풍을 남풍으로 바꾸다

1857년 11월말 이 무렵에 전혀 예기치 못한 소식을 들었다. 제1 고아원의 주난방장치인 보일러가 심각한 누수 현상으로 인해 교체하지 않으면 가동할 수 없게 되었다는 것이다. 우리 고아원에서 사용하는 난방장치는 대형 실린더형 보일러였다. 보일러를 가동하면 데워진 물이 배관을 통해 각 방에 전달되어 방을 따뜻하게 만드는데 뜨거운 공기가 보일러에 연관되어 있어 난방에 도움을 주었다. 이 보일러로 올 겨울도 따뜻하게 지낼 수 있다고 생각해 왔었는데 보일러가 너무 낡아 새 보일러로 바꿔야 한다는 것이다. 물이 샌다는 것을 의심하면서 보일러를 교체하지 않고 하나님만 의지하겠다고 말한다면 부주의한 억측일지는 몰라도 하나님을 믿는 믿음은 아닐 것이다. 이것은 참 믿음처럼 보이는 가짜 믿음에 지나지 않는다.

보일러는 사면이 벽돌로 쌓여있어서 이 보일러를 둘러싼 담을 헐지 않고는 보일러의 상태를 확인할 수가 없었다. 허물어야 하는 입장에서 볼 때는 불필요한 벽돌담이지만 이 담이 없었다면 오히려 보일러에 피해가 되었을 것이다. 보일러는 그런 상태에서도 8년간이나 불편함 없이 사용해 왔다. 그런데 갑자기 그것도 겨울의 문턱에 들어선 때에 고장이 생긴 것이다. 그러면 어떻게 해야겠는가? 어린이들은 그 가운데서도 특히 영아들은 온기가 부족하면 힘들어 할 것이라는 점이 마음에 걸렸다. 하지만 온기를 얻기 위해 어떻게 해야 할까? 새 보일러를 들여오는 데는 여러 주일이 걸릴 것이 분명하다. 보일러를 수리하는 방법은 누수가 심각하기 때문에 고친다해도 제 성능을 발휘할지 알 수가 없었다. 또한 보일러를 둘러 싼 벽돌담을 일부라도 제거하지 않고는 아무 것도 말할 수 없고, 그것마저도 며칠이 걸린다면 그 동안에 300명의 어린이를 위해 어떻게 따뜻한 방을 제공할까? 잠시만이라도 가스난로를 사용하면 어떨까하는 생각이 떠올랐다. 하지만 곧 그 큰 방을 가스로 덥히려면 여러 개의 난로가 있어야 되고 또 많은 비용이 들기 때문에 발전기에서 쓰고 남는 가스로 충당하기에는 부족하다는 사실을 깨달았다. 게다가 가스난로마다 타고 남은 가스를 배출할 연통이 연결되어야만 한다. 그러므로 가스를 이용한 난방법은 강당이나 계단이나 상점같은 곳에는 적합할지 몰라도 우리 고아원에서는 맞지 않다고 생각되었다. 또 다른 방법으로

조지 뮬러의 집

아르노식 난로를 잠시만 써 볼까하는 생각도 들었지만 창밖으로 연결되는 긴 연통이 필요하므로 몹시 불편할 것 같았다. 이처럼 우리 고아원 형편에 맞지 않는다는 점과 방을 볼품없게 만든다는 점 때문에 이런 난방법들은 포기해야 했다. 그러면 어떻게 해야 이 문제를 해결할까? 어떻게 풀어나가야 어린이들이 오랫동안 추운 방에서 떨지 않게 할 수 있을까? 이 난관을 해결할 수만 있다면 100파운드를 내놓는다 해도 전혀 아까울 게 없다는 생각이 들었다. 마침내 이 문제를 자비로우시고 긍휼히 풍성하신 하나님 손에 온전히 맡기기로 결심했다. 그리고 나서 우리는 벽돌담을 허물어서 보일러의 상태를 정확히 파악하기로 결정했다. 그래서 어느 정도로 수리하면 겨우내 사용할 수 있는지 알아보기로 하였다.

보일러를 둘러 싼 담을 허물 날짜와 일할 사람을 정하여 사전 준비작업을 모두 마쳐 놓았다. 물론 수리하는 동안에 보일러가 작동하지 않도록 한 것은 두말할 필요도 없다. 그런데 예기치 못한 일이 일어났다. 수리할 날짜를 정한 이후부터 살을 에는 듯한 북풍이 몰아치기 시작한 것이다. 혹독하기만한 삭풍은 목요일에도 금요일에도 그칠 줄 몰랐다. 이 매서운 바람은 한 주간 가까이 끊임없이 불었다. 드디어 공사를 시작하기로 예정한 그 다음 주 수요일 오후가 되었다. 12월 1일인데도 겨울의 혹독함을 알리기라도 하려는 듯이 기승을 부리는 매운 날씨를 처음으로 맞이한 것이다. 이런 추운 날씨 속에서 우리는 어떻게 해야 할까? 그러나 수리를 연기할 수는 없는 상황이었다. 그래서 하나님께 두 가지 일을 간구드렸다. 하나는 북풍을 남풍으로 바꾸어 주시고, 다른 하나는 일군들에게 '일할 마음'을 주시기를 구했던 것이다. 그 이유는 느헤미야와 이스라엘 백성이 이런 마음을 가지고 예루살렘 성벽을 52일만에 얼마나 많이 쌓았는지 분명히 알기 때문이다. 공사를 시작하는 날인 수요일날 오후에도 삭풍은 여전히 불고 있었다. 그런데 저녁이 되자 우리가 주님께 기도 드린 대로 남풍이 정확하게 불어오는 것이 아닌가! 날씨도 풀려서 우리는 보일러를 가동할 필요가 전혀 없었다. 벽돌담이 순조로이 제거되고, 누수되는 곳이 어딘지 금방 밝혀졌다. 보일러공들은 온 힘을 다해 수리하기 시작했다.

저녁 8시 30분쯤 되어 집으로 돌아가는 길에 나는 수위실에서 보일러공들이 소속된 회사의 사장이 보일러 수리작업이 어떻게 되었는지 알아보려고 찾아왔다는 소식을 들었다. 그 사장 덕분에 수리 작업은 더욱 빠른 속도로 진행되었다. 나는 이 소식을 듣자마자 보일러가 있는 지하실로 내려가 작업을 독려하기 위해 찾아온 열성적인 사장을 만났다. 수리작업에 대해 그 사장과 이야기를 나누고 있었다. 그 열성적인 사장은 수리공들이 들을 수 있도록 "이 직원들은 밤늦게까지 작업하다가 내일 아침 일찍 다시 와서 모두 수리해 드릴겁니다."라고 말하는 것이었다. 그 말을 들은 수리작업반장이 "선생님, 그럼 차라리 철야작업하는 것이 낫겠습니다."라고 말했다. 바로 그때 나는 두 번째로 드린 기도 내용이 떠올랐다. '하나님! 일군들에게 일할 마음을 주옵소서.' 이 기도가 그대로 응답된 것이다. 다음날 아침까지 수리작업이 완료되어 물이 새는 곳이 없게 되자 다시 벽돌담을 쌓고 보일러를 점화시켰다. 이 모든 작업은 30시간이 채 지나지 않아 순조롭게 마무리되었다. 이 작업이 계속되는 동안 내내 남풍이 불어서 날씨마저 따뜻해 우리는 불이 조금도 필요 없었다.

이처럼 우리를 당혹스럽게 만들었던 난관 중의 하나가 오직 기도와 믿음으로 해결된 것이다.

고아들의 회심

1860년 5월 26일 매일 그리고 해마다 끊임없이 우리 고아원 어린이들을 위해 기도하는 제목은 하나님의 은혜로 우리의 보살핌 아래 있는 어린이들이 영적으로 성장하는 것이다.

지난 24년간 끊임없이 고아들을 위해 드린 이 기도는 풍성하게 응답되었다. 지금까지 수백명의 어린이들이 주님의 자녀가 되었고, 어떤 해는 단 기간 내에, 어떤 경우에는 모든 어린이들이 한꺼번에 또는 수많은 어린이들이 회심하여 주님의 자녀가 되기도 했다. 어느 해에는 며칠간의 집회 동안에 60명 정도의 어린이들이 예수를 영접하는 경우가 3년이나 계속된 적도 있었다. 어떤 해에는 120명이 주님의 자녀가 되기도 했다. 이처럼 많은 학생이 주님을 믿게 된 첫 번째 경우는 1859년 7월에 있었다. 이 해에 하나님의 성령이 전체 학생이 120명인 여학교에 강력하게 역사하시자 절반이 넘는 여학생이 영혼구원에 깊은 관심을 가지게 되었다. 이 경험은 한 순간에 지나가고 마는 흥분이 아니라 이때부터 열한 달이 넘게 역사하셨고, 지난 후에도 그중 31명이 하나님의 자녀됨을 온전히 확신하게 되었고, 32명은 상당한 확신을 지니게 되었다. 그러므로 한 학교의 120명의 여학생 가운데 63명이 1859년 7월에 하나님의 자녀가 된 것으로 확인되었다. 이처럼 복된 성령의 강한 역사하심이 일어날 때 어떤 특별한 원인이 있는 것은 아니었다. 굳이 그 원인을 찾자면 소중한 기도의 응답 때문이라고 밖에 말할 수가 없다. 이런 놀라운 회심의 열매 덕분에 하나님을 더욱 앙망하도록 격려받게 되었다.

두 번째로 고아원 가운데 성령의 강한 역사를 체험한 시기는 1860년 1월 말부터 2월 초에 이른 한 달이 채 안되는 기간 동안이었다. 이 기간 동안에 나타난 특징은 학생들이 영혼구원에 대해 어느 해보다 깊은 관심을 보였다는 점이다. 내가 말할 수 있는 것은 이 해에 나타난 성령의 놀라운 역사는 6세부터 9세까지의 어린 소녀들로 이루어진 반에서부터 시작되어 상급소녀반으로 이어지더니 소년반으로 확산되어 10일도 안되는 짧은 기간 동안에 200명 이상의 학생들이 그들의 영혼에 대한 깊은 근심에 사로잡혔다. 그러더니 그 중에 많은 학생들은 그리스도를 믿음으로써 곧 평안함을 찾았다는 것이다. 주님의 자녀가 된 학생들은 기도회를 열도록 허락해 달라고 요청했으며, 그 이후로 지금까지 기도회가 열리고 있다. 이 학생들 중의 다수는 다른 학생들과 친척들의 구원에 관해서도 관심을 보이면서 대화나 편지를 통해 영혼이 구원받는 법에 관해 소개했다.

일자리를 구함

1862년 초여름이 되자 고아 중의 여러 명의 소년들이 실습생이 되려고 준비한 것이 알려졌다. 그러나 어느 곳에서도 실습생을 보내달라고 요청한 곳이 한 군데도 없었다. 우리 고아원의 소년들은 실내에서 일하는 실습생으로 훈련받았기 때문에 막노동을 할 수 없었다. 그래서 일할 곳이 없다는 것은 결코 작은 문제가 아니었다. 그것말고도 또 다른 문제는 우리 고아원 실습생들이 직장을 선택하는 기준이었다. 그것은 주인이 그리스도인이어야 할 것, 배울만한 일이어야 할 것, 종업원을 대하는 주인의 태도가 좋아야 할 것,

종업원을 기꺼이 가족으로 여길 것과 같은 여러 조건들이 있었다. 실습생들을 보낼 일자리가 나타나지 않자 우리는 지난 20여년간 해 오던 대로 전심으로 이 문제들을 놓고 다시 기도하기 시작했다. 오직 주님께 구하며 우리는 직장을 구하는 신문 광고도 내지 않았다. 왜냐하면 십중팔구는 사례금을 받으려고 실습생을 구하는 주인들만 나타날 것이 뻔했기 때문이다.

광고 대신에 주님께서 우리를 얼마나 선대하셨으며, 문제가 있을 때마다 얼마나 많은 도움의 손길을 베푸셨는지를 기억하며 기도드렸다. 몇 주가 지나갔지만 문제가 해결될 전혀 기미가 보이질 않는 듯 했다. 그렇지만 우리는 기도를 중단하지 않았다. 그러자 바로 한 직장에서 실습생을 보내 달라는 요청이 오기 시작하더니 그 요청이 하나씩 늘어갔다. 1863년 5월 26일까지 우리는 모두 18명의 소년을 실습생으로 보낼 수 있었다. 어려움은 이처럼 기도를 통해 또 다시 완전히 해결되었다. 실습생으로 사회에 첫 발을 내딛길 원했던 소년들은 모두 그들이 원하는 대로 취직되었다.

홍역을 물리침

질병으로 인해 고아원이 어려움을 겪은 적은 한 두 번이 아니었다.

1866년 여름부터 가을까지 제1, 제2, 제3 고아원 모두 홍역 때문에 어려움을 겪었다. 홍역을 앓는 아이들이 발생하자마자 우리는 특별기도를 드리기 시작했다. 이때 드린 기도 제목은 모두 3가지였다.

1. 부속 진료소가 적어 한번에 많은 어린이들을 격리하여 치료할 수 없사오니 한꺼번에 너무 많은 어린이들이 홍역을 앓지 않도록 인도해 주시옵소서. 그렇지 않으면 진료할 수 있는 공간이 충분하도록 인도하옵소서.

이 기도제목은 온전히 응답되었다. 고아원에 홍역 환자가 발생하여 제1 고아원에 83명, 제2 고아원에 110명, 제3 고아원에 68명의 환자가 있었지만, 빈 방에 격리 수용할 수 있었기 때문이다. 게다가 홍역이 확산되는 속도가 지연되어 먼저 앓는 아이가 치료되고 나면 새로운 환자가 발생했으므로 격리 수용하는데 공간이 모자라지 않았던 것이다.

2. 홍역에 걸린 어린이들이 온전하게 회복되어 사망하는 어린이가 한명도 없도록 기도드렸다.

이 기도제목 역시 온전히 응답되었다. 262명의 어린이에게서 홍역이 발생했지만 한 사람도 희생되지 않고 모두 치유되었기 때문이다.

3. 마지막으로 이 병에서 회복되더라도 합병증으로 인한 신체적 결함이 남지 않도록 인도해 주시기를 간구 드렸다.

이 기도제목 역시 모두 응답되었다. 262명의 어린이가 홍역에 걸렸지만 모두 회복되어 예전의 건강을 되찾았다. 이에 깊이 감사하는 마음으로 하나님께서 그분의 존귀하신 이름을 위해 이처럼 온전하고도 소중한 응답과 함께 하나님의 긍휼과 축복을 표적으로 허락하심을 여기에 기록한 것이다.

어려운 선교사를 도움
(주님의 도움을 받는 일은 얼마나 복된 일인가)

1863년 연말이 다가와 금년도 회계를 결산할 준비를 하는 동안에 복음을 전파하기 위해 힘쓰는 어려운 선교사들에게 내가 기울일 수 있는 온 힘을 다해 한번 더 도움의 손길을 보내고픈 마음이 문득 일어났다. 지금까지 한번도 돕지 못한 선교사들의 이름을 적어 놓은 명단을 서랍에서 찾아 각 선교사에게 얼마나 보내면 좋은 지 결정한 뒤에 모두 합해보니 476파운드가 있어야 했다. 하지만 내게 지금 남아있는 돈은 280파운드뿐이라 280파운드짜리 수표를 발행했다. 보내려는 476파운드에는 많이 모자랐지만 이만한 액수라도 수중에 지니고 있음에 감사한 마음이 들었다. 수표를 발행하고 나니 오늘의 마지막 과제로 해야 할 기도 시간이 다 되었다.

하나님의 도우심 가운데 나는 매일 많은 기도 제목을 주님 앞에 가지고 나가 간구 드렸다. 늘 드리던 기도제목에 따라 간구한 뒤 복음 전파를 위해 힘쓰는 어려운 선교사를 도우려는 해외선교 후원금 가운데 부족한 액수를 보내주시기를 기도 드렸다. 올해가 3일 밖에 남지 않았지만 하나님의 도우심을 구했다. 기도를 드린 후 오후 9시쯤 집으로 돌아오니, 아주 먼 곳에 사는 후원자가 선교를 위해 100파운드, 필요한 곳에 자유로이 쓸 수 있도록 100파운드, 나를 위해 5

파운드의 후원금을 보낸 사실을 알게 되었다. 이 후원금 가운데서 200파운드를 모두 선교사들에게 보내기로 결정했다. 이 후원금과 수표를 합하고 나니 선교사들에게 보내기로 한 476파운드의 선교후원금을 마련할 수 있었다. 하나님을 진지하게 의지하며 기도드렸을 때 그 기도 응답으로 도움을 받는 것이 얼마나 복된 일인지 아는 사람이라면 이 후원금이 도착했을 때 내가 누렸던 영적 기쁨을 함께 느낄 수 있으리라! 이 후원금은 기도의 응답인 동시에 수많은 헌신적인 그리스도의 종들의 마음을 위로하는 큰 기쁨이기도 하다.

중국 선교를 도우려는 소원

1869년 9월 30일 요크셔(Yorkshire)에서 보낸 50파운드의 선교후원금이 들어 왔다. 또한 중국에서 이루어지는 주님의 사역을 위해 쓰라고 보낸 1,000파운드의 후원금을 받았다. 특별히 이 후원금에 대해 알아야 할 사실은 여러 달 전부터 중국 선교 사역을 후원하기 위해 보다 많이 기도하고픈 마음이 일어나기에 힘써 기도하는 한편 이 소원을 이루기 위해 여러 가지 준비를 해오던 가운데 이 후원금이 도착했다는 것이다. 이처럼 해외선교 사역을 후원할 수 있도록 재정이 채워지는 일은 일선에서 주님의 사역을 위해 수고하는 모든 일군들에게 특별한 격려가 될 것이다. 동시에 우리의 사역은 주님의 일이므로 선교 재정을 위해 주님의 도우심을 바라며 끊임없이 앙망함으로써 그분을 영화롭게 하면 그 재정이 하나님이 원하시는 때에 그분이 원하시는 방법으로 반드시 채워지리라는 것을 새롭게 증명해 주기도 한다.

기도 응답의 기쁨

우리의 기도가 응답될 때 누리는 기쁨은 무엇과도 비교할 수 없을 뿐 아니라 이로 인해 우리가 얻게 되는 영적 생활의 추진력은 매우 크고 놀라운 것이다. 나는 이 글을 읽는 믿음의 형제자매들이 모두 이러한 행복을 체험해 보기를 바란다. 우리의 영혼을 구원하신 주 예수를 진심으로 믿고, 정직하게 살며, 마음에 불의를 품지 아니하며, 믿음을 잃지 않고 끈기있게 기다리며 하나님만을 의지한다면 기도 응답은 반드시 우리에게 나타나게 되어 있음을 알아야 한다. 이런 원칙에 충실히 따른다면 비록 나와 같은 사역으로 주님을 섬기도록 부름받지 않았다 하더라도, 여기에 기록된 것 같은 기도 응답을 받아 본 적이 없을 지라도, 여러분이 처해 있는 다양한 환경, 가족, 사업, 직업, 교회 직분, 주님을 섬기는 사역을 통해 내가 경험한 것처럼 분명한 기도 응답을 받을 수 있을 것이라고 확신한다.

구원의 필요성

하지만 주님을 믿지 않고 있는 불신자, 그러니까 주님의 보혈로 씻김받지 못한 마음에서 비롯되는 부주의함과 자기의 속에서 살아가고 있는 사람들이 이 글을 읽고 있다면 무엇보다 먼저 주 예수님을 믿고 하나님과 화목해져야 한다는 사실을 사랑하는 마음으로 엄숙히 알려드린다. 여러분은 주님 앞에 죄인이므로 그 죄에 따르는 형벌을 받게 되어 있기 때문이다. 여러분이 이 사실을 깨달을 수 없다면 그것을 깨닫게 해 주시도록 하나님께 구하기를 바란다. 이것을 무엇보다 먼저 특별히 기도할 제목으로 삼기를 바란다. 더불어 타락한 본성에 따르고 있는 여러분의 상태를 잘 알 수 있도록 도와주실 뿐 아니라 주 예수님을 여러분의 마음에 밝히 알 수 있게 해달라고 간구하기 바란다. 하나님이 그분의 아들 예수님을 이 세상에 보내신 까닭은 죄로 인해 벌 받아야 할 우리들을 대신하여 벌을 받게 하시기 위해서이다. 하나님께서는 영혼의 구원을 얻기 위해 그분을 의지하는 우리를 대신하여 드려진 주님의 순종과 고난을 기꺼이 받으신다. 우리가 주 예수를 믿으면 그 순간에 우리가 지은 죄는 하나도 남김없이 용서받게 되는 것이다. 이처럼 우리는 예수를 믿음으로써 하나님과 화목하게 되어 하나님 앞에 나아갈 수 있는 담대함을 얻게 되고 그 결과로 하나님께 우리의 소원을 아뢸 수 있을 뿐 아니라 우리의 죄가 용서받았으며 하나님이 믿는 자를 기뻐하신다는 사실을 깨닫게 될수록 물질적으로나 영적으로 부족한 것을 가지고 하늘 아버지께서 채워주시도록 기도할 수 있게 되는 것이다.

하지만 우리가 용서받지 못한 채 죄책감을 가지고 있는 한 하나님에게서 멀리 떨어져 있을 수밖에 없다. 특히 하나님께 가까이 나아가 기도를 드릴 수 없게 되는 것이다. 따라서 사랑하는 독자 여러분 가운데 용서받지 못한 죄인이 계시다면 무엇보다 특별히 하나님께 이렇게 기도드리기 바란다.

'저희 마음이 하나님의 사랑하는 아들이신 주 예수님을

밝히 알 수 있게 하옵소서.'

두 배로 응답받은 기도

1865년 7월 25일 런던 지역에 사는 어느 믿음의 형제가 편지와 함께 100파운드의 후원금을 보내왔다. 이 편지에는 다음과 같이 써있었다.

> 사랑하는 뮬러 형제님
> 나로 하여금 영국은행 서부지점을 통해 100파운드의 후원금을 보내게 하신 이는 주님이신 것을 믿습니다. 당신의 사역이 순조로이 이루어지길 바랍니다.
> 주님 안에서 한 형제가….

이처럼 신사다운 그리스도인은 처음 보았다. 이 형제는 런던에서 누구나 알만한 큰 사업을 하고 있는 사업가로 전에도 여러 번 같은 금액을 기부한 적이 있었다. 이 기부금을 받기 이틀 전에도 이 형제로부터 후원금을 받았었는데, 받고 난 지 얼마 안 되었을 때 내게 이런 마음이 생겼다. '이 형제가 후원금을 한번 더 보내어 주었으면 좋겠는데…' 나는 잠시도 지체하지 않고 이렇게 기도드렸다. '하나님, 방금 기부한 이 형제의 마음을 주장하셔서 한번 더 기부금을 보내도록 인도해 주옵소서.' 분명히 말하거니와 이런 기도는 이때까지 한번도 드려본 적이 없었다. 그러니까 후원금이 기부되어지되 다른 사람이 아니라 바로 그 사업가를 통해 한번 더 드려지도록 기도한 것이었다. 여러분은 그 사업가의 편지에서 '나로 하여금 … 후원금을 보내게 하신 이는 주님이신 것을 믿습니다.' 라고 한 말 속에서 그 의미를 알아차렸을 것이다. 진실로 이 신사로 하여금 100파운드의 후원금을 한번 더 보내게 하신 분은 바로 주님이시다. 아마 여러분들 가운데는 '이 사업가로부터 받은 첫 번째 후원금에 대한 감사 편지를 보내면서 내가 한번 더 기부해 줄 것을 요청한 것이 아닌가' 하고 생각한 분도 있을 것이다. 그러나 분명히 말씀드리거니와 나는 결코 두번 후원금을 보내 달라고 요청한 적이 없다. 또한 내가 특별히 어려운 형편에 처해 있음을 암시하는 듯한 글도 쓰지 않았다. 그리하면 그 신사가 후원금을 더 보내도록 영향을 미칠 수 있었기 때문이다. 주님께서 진정으로 아시거니와 나는 하나님께만 구하고 의지했지, 결코 직접적으로든 간접적으로든 고아원 형편의 어려움을 암시하여 후원자들이 더 많이 후원금을 보내도록 한 적은 한번도 없었다.

내가 사람에게 구하지 않는다는 원칙을 따르지 않았더라면, 이 관대한 사업가에게 내외성경연구원의 다양한 목표를 위해 지출할 비용이 많아져서 날마다 상당한 양의 재정이 필요하다며 후원금을 요청하는 편지를 써 보냈을지도 모른다. 뿐만 아니라 이 당시에 고아원 사역을 확대하려고 계획하고 있었는데, 그 모든 건축 기금을 충당하려면 20,000파운드 가량의 돈이 필요한 형편이었으므로 이 사실을 솔직히 얘기했을 수도 있었을 것이다. 하지만 나는 그 사업가에게 보내는 감사의 편지 속에 그러한 나의 소원을 드러낼 수 있는 단서를 한 군데도 언급하지 않았다. 결산회계보고서가 발간되면 모든 사람들이 알게 되겠지만 나는 하나님께서 친히 그분의 청지기의 마음에 우리를 대신하여 말씀해 주시도록 하나님의 뜻에 맡겼을 뿐이다. 그러므로 두 번째 후원금을 기부한 일은 바로 하나님이 행하신 일인 것임을 알아야 한다. 진실로 우리가 하나님 앞에서 드린 기도는 헛되지 않았다.

사업하는 형제

1869년 1월 1일 스코틀랜드의 한 후원자로부터 해외선교를 위해 사용하도록 50파운드의 후원금이 들어왔다. 이 후원금은 성경반포사업을 하는 내외성경연구원 사역을 위해서 25파운드, 신앙소책자의 보급을 위해서 25파운드를 사용하라고 보낸 것이다. 또 멀리 떨어진 곳에 사는 어떤 후원자도 내외성경연구원의 사역을 위해 10파운드, 고아원 사역을 위해 10파운드의 후원금을 보내왔다. 그 가운데서도 후자에 언급한 20파운드의 후원금과 연관하여 하나님께 받은 기도 응답을 소개하려고 한다.

1868년 초에 사업을 하는 한 형제가 자신이 겪고 있는 사업상의 문제에 관해 신앙적인 조언을 해줄 수 있겠느냐고 문의하는 편지를 보내왔다. 편지에는 이 사업가가 주님의 말씀에 충실히 따르며 하나님의 영광을 위해 사업을 하고 있는 모습이 잘 드러나 있었다. 하지만 이 사업가의 주변에는 그의 믿음을 시험하는 요소들로 가득 차 있었다. 그래서 나는 이 사업가에게 브리스톨로 나를 찾아오면 그가 원하는 조언을 하겠다고 답장을 보내었다. 오랜 여행 끝에 브리스톨에 도착한 이 사업가와 면담하는 과정에서 새롭게 깨달은 사실은 그가 시험거리가 많은 사업을 하고 있었다는 점이다. 나는 이 사업가와 끝까지 이야기를 나눈 다음에 그가 지켜야 할 몇 가지 조언을 해주었다.

1. 날마다 분주한 일을 미루고 조용한 장소에서 주님을 영접한 부인과 함께 사업상의 문제를 하나님 앞에 기도로 아뢰되 가능하면 하루에 두 번씩 기도할 것.
2. 기도의 응답을 기다리면서 하나님께서 반드시 도우실 것이라고 기대할 것.
3. 손님을 많이 불러 모으기 위한 방법으로 두 세 가지 품목을 뽑아 정해진 가격보다 훨씬 싼 가격표를 붙여 전시하는 판매기법을 전혀 사용하지 말 것.

그 이유는 이런 판매방법을 이용하여 손님을 끌어들여 사업한다면 주 예수의 참 제자가 될 수 없을 뿐 아니라 이런 방법을 사용하면서 하나님의 축복에만 의지하기란 쉽지 않기 때문이다.

4. 매주 벌어들인 이득이 많든 적든 그 가운데 일부를 하나님의 사역을 위해 떼어 주님을 위해 신실하게 사용할 것.

5. 마지막으로 매월 주님께서 그에게 어떤 복을 주셨는지 내게 알려 줄 것.

여러분은 이 신실한 형제가 나의 조언을 따를 때부터 사업이 번창하기 시작한 것을 알면 보다 흥미를 느끼게 될 것이다. 1868년 3월 1일부터 1869년 3월 1일까지 1년간 그의 연간 사업수입은 6,609파운드 18실링 3페니에서 9,138파운드 13실링 5페니로 절반 정도가 늘어났고 그 가운데 연간 소득은 2,528파운드 15실링 2페니가 증가했다. 그가 20파운드의 후원금을 보내면서 동봉한 편지에 보면 지난해에는 주님의 사역이나 가난한 이들에게 필요한 것을 공급하기 위해 123파운드 13실링 3페니를 따로 떼어놓을 수 있었다고 고백하고 있다. 이 형제의 이야기를 이처럼 상세히 소개한 이유는 이 이야기를 통해 사업하는 주의 형제들이 도움을 받기 원해서이다.

고아원의 영적 부흥

지난 1년간(1871-1872)의 통계를 소개하면서 71년 말과 72

년 초에 주께서 우리 고아원에 허락하신 큰 영적 축복을 이미 간략하게 이야기한 바 있었다. 그러나 이 일은 간단히 소개하고 넘어가기에는 너무도 소중한 사건이기 때문에, 이제부터 좀 더 자세히 이야기하려 한다. 앞에서 이야기한 것처럼 고아원 아이들의 영적 상태는 전체적으로 우리 마음에 커다란 안타까움을 가져다주었다. 그 이유는 아이들 자신의 영혼에 관해 진지한 관심을 가지고 우리를 구원하시려고 대속의 죽음을 당하신 주 예수님을 믿고 그 안에서 평강을 누리는 아이들의 수가 너무도 적었기 때문이다.

아이들의 영적 상태를 안타까이 여긴 우리들은 교사, 보모, 보조원을 포함한 전 사역자들이 한 마음으로 이들의 영혼을 회개로 인도하시는 주님의 축복이 임하길 간절히 구하기 시작했다. 이런 간구는 연합기도회를 통해서든지 개인 기도회를 통해서 끊임없이 이어졌다. 이런 우리의 기도에 대한 응답으로 1872년 한 해에는 어느 해보다 주님을 믿기로 결심한 아이들의 수가 눈에 띄게 많아졌다.

1872년 1월 8일에는 주님께서 이들 가운데에 역사하시기 시작하여 그 이후로 회개하고 주님을 영접하는 아이들의 수가 꾸준히 늘어나게 되었다. 제3 고아원에서는 주님을 영접하는 아이들의 수가 가장 적었는데, 그곳에도 하나님의 손길이 임하셨다. 천연두가 발생하여 많은 아이들이 앓고 난 후부터 이곳에서 특히 일부 아이들 사이에서부터 성령의 역사가 나타나기 시작했다. 1872년 7월 말이 되자 다섯 군데 고아원의 교사와 보모들이 한결같이 주의깊이 관찰하고 영적인 대화를 나눈 끝에 729명의 아이들이 믿음이 필요함을 깨닫기 시작하더니 마침내 주님을 영접하여 하나님의 자녀가 되었다는 보고를 받았다. 이러한 숫자는 고아원 문을 연 이후로 가장 많은 숫자였다. 이러한 구원을 허락하신 주님을 경배하고 찬양하자! 자, 천연두로 인해 시작된 커다란 시험을 주님께서 어떻게 큰 축복으로 바꾸셨는지 보라! 또한 우리를 낮추시고, 그것을 기도로 바꾸어 진지하게 기도하게 하시더니, 어떻게 성령의 역사가 그 어느 해보다 더 분명하게 나타나도록 인도하셨는지 보라!

조지 뮬러의 선교 여행

1875년에 70세가 된 조지 뮬러는 선교 여행을 시작하여 그 이후로 20년간 전세계를 순회하며 42개 나라에서 300만명 이상의 사람들에게 복음을 전파했다. 이 선교 여행 중에 일어난 기도 응답에 대해 뮬러는 이렇게 이야기하고 있다.

1882년 8월 8일에 우리는 제 9차 선교여행을 시작했다. 첫 번째로 복음을 전파한 곳은 웨이마우스(Weymouth)였는데, 우리는 이곳에서 열린 대중집회를 통해 네 번 복음을 전파했다. 우리는 웨이마우스에서 출발하여 프랑스 북부의 항구도시 칼레(Calais)와 벨기에의 수도 브뤼셀(Brussels)을 지나 라인강에 자리 잡은 독일의 항구도시 뒤셀도르프(Dusseldorf)에 도착했다. 6년 전에도 이곳을 방문했었는데, 그때는 기회가 닿는 대로 수없이 복음을 전파했지만 이번에는 대중집회를 통해 8번 복음을 전파했다. 뒤셀도르프에 머무는 동안 우리가 겪은 일을 여러 독자들이 격려받을 수 있도록 소개하려고 한다.

뒤셀도르프를 처음 방문한 해는 1875년이었는데, 어느 날 경건한 도시순회선교사 한 사람이 내게 다가와서 나를 크게 시험하는 것이었다. 그 선교사는 슬하에 여섯 자녀를 두었는데, 자녀들의 회심을 위해 그때까지 오랫동안 기도해 왔지만 자녀들 가운데 어느 누구도 자신의 영혼에 관해 전혀 관심을 보이지 않으니 어떻게 해야 좋을지 내게 조언을 받고 싶다는 것이었다. 나는 '자녀들을 위해 계속 기도하고, 하나님께서 기도에 응답하실 것을 기대하면서 기다리면 반드시 하나님을 찬양할 때가 이르게 될 것이다.' 라고 대답했다. 그때부터 6년이 지난 후 이곳을 다시 방문한 나에게 그 선교사가 다시 찾아와 지난 6년 동안에 자신에게 일어난 일들을 들려주었다. 내게 조언을 듣기 전에는 자녀들을 어떻게 믿음으로 이끌어야 할지 몰랐었는데, 내 조언을 듣고 난 후 전보다 더욱 기도에 전념하여 자녀들을 위해 기도한 결과 그 문제가 해결되었다는 것이다. 그러니까 나를 만난 지 두 달이 지났을 때 여섯 명의 아들들 가운데 다섯이 8일도 안되어 주님을 영접하였고, 그 이후로 지금까지 6년 동안 주님을 잘 믿고 있으며, 막내아들도 하나님 앞에서 자신이 죄인임을 깨닫기 시작했다고 했다.

믿음 안의 형제자매와 독자들이여!

이 이야기를 통해 위로를 받기 바란다. 혹시 기도에 즉시 응답받지 못했다 해도 기도를 중단하지 말고, 보다 진지하게 인내하며 하나님을 기다리면서 응답받을 것을 기대하라.

친히 준비하신 예상치 못한 해외선교사
(기도로 해외선교사를 파송하다)

조지 뮬러와 연관되어 있던 브리스톨교회는 하나님의 교회가 기도로 선교사를 세워 해외로 파송하는데 모범이 되었다. 뮬러는 그의 일화집 (1권) 516페이지에 기도 응답으로 해외선교사를 파송하게 된 사례에 대해 이렇게 소개하고 있다.

이제부터 독일에 가서 선교하기 전에 나와 다른 형제들이 8년간이나 마음에 품고 기도해온 일을 밝히려 한다. 이 기도 제목은 '해외에 복음을 전파할 일군을 우리 형제들 가운데서 일으키셔서 우리 중 한 지체를 통해 하나님께 영광 돌리게' 하는 것이었다. 이 기도는 전혀 응답되지 않는 것만 같았다. 하지만 주님께서 우리가 오랫동안 드린 기도에 드디어 응답하시는 때가 이르렀다. 그런데 이 문제를 마음에 특별히 품고 기도해 오던 내가 진리를 전파하는 첫 번째 해외선교사로 세워질 줄은 꿈에도 몰랐다. 또 바로 이 무렵 주님은 우리의 사랑하는 형제와 자매인 배링턴(Barrington)부부를 일으키셔서 데메라라(Demerara)로 보내어 우리의 존경하는 스트롱(Strong) 형제와 연합하여 선교하게 하셨다. 그리고 사랑하는 에스빼네(Espeneff)부부도 스위스에 선교사로 파송하셨다. 이 두 부부선교사들은 내가 독일로 떠난 직후에 그들의 선교지로 출발했다. 그리고 이 두 부부만 선교사들로 부름받은 것은 아니었다. 대단히 소중한 모르달(Mordal) 형제가 11개월 뒤에 우리를 떠나 선교사로 파송되었는데, 이 형제는 지난 12년간 우리 가운데서 지칠 줄 모르는 성실함으로 좋은 인상을 남겼던 형제였다. 그는 스트롱부부와 배링턴부부가 브리스톨에서 데메라라로 가는 배를 타고 떠나던 날인 1843년 8월 31일부터 그들과 함께 선교사역을 몹시 하고 싶어 하더니 드디어 주님께로부터 부름을 받은 것이다. 이 형제는 지난 8년 동안 나와 함께 한결같은 마음으로 해외선교사로 부름받기 위해 기도드렸던 분이다. 그는 대가족을 거느린 가장으로 나이도 50여세였으므로 우리 형제들 가운데서 선교사역을 위해 부름받을 가능성이라곤 가장 적은 사람으로 여겨졌다. 그런데 하나님은 그를 해외선교사로 부르셨다. 그는 데메라라에서 1년여간의 짧은 기간 동안 선교하다가 1845년 9월에 주님의 품에 안겼다.

하나님께 추수꾼으로 택해짐을 구하거나, 하나님의 사역을 전개하는데 필요한 재정을 보내달라고 구할 때, 우리 마음에 떠오르는 정직한 질문은 이런 것일 게다. '하나님이 나를 부르시면 기꺼이 그 부르심에 순종할 것인가? 내 능력에 따라 기꺼이 나를 드릴 것인가?' 왜냐하면 우리가 바로 하나님께서 주님의 사역을 위해 택하실 그 사역자이거나 사용하기 원하시는 도구일 수 있기 때문이다.

내외 성경연구원의 1896년도 결산보고서에서 조지 뮬러는 이 신자들의 공동체가 얼마나 큰 하나님의 축복을 받았는지 보여주고 있다. 이 또한 하나님께 드린 기도가 응답되어진 결과였다.

우리 가운데 60명의 형제와 자매들이 해외선교사로 파송

되었다. 그 가운데 어떤 사람은 땅위의 사역을 모두 마치고 하나님 품에 안겨있지만 아직도 40명가량의 형제자매들이 영혼을 구원하는 소중한 선교사역을 감당하고 있다.

아시아와 아프리카 그리고 세계 곳곳에서 선교사를 보내 달라고 크게 부르짖고 있는데 유럽과 미국교회들이 왜 사역자들을 파송하지 못하겠는가! 유럽과 미국교회들 역시 '추수를 주관하시는 주님, 저희 가운데서 해외선교사를 파송할 수 있도록 인도하옵소서'라고 기도드리며 하나님의 계획을 따르고 있는데 말이다. 확신하건대 브리스톨교회에서 기도의 응답으로 해외선교사를 파송한 것과 마찬가지로 이 교회들도 하나님께서 그들의 기도에 응답하시리라고 분명히 기대하고 있을 것이다.

이제부터 신실한 하나님의 방법을 사용함으로써 중국에서 이룬 일들을 살피기 위해, 1897년 7월에 허드슨 테일러(Hudson Taylor, 중국내지선교회·中國內地宣教會· C. I. M.의 창설자)가 쓴 책 「중국의 수많은 영혼들」(*China's Millions*)에 소개된 글을 인용하려 한다.

동역자를 얻기 위해 우리는 주님의 말씀을 따랐다. "추수하는 주인에게 청하여 추수할 일군들을 보내어 주소서 하라"(마 9:37). 중국내지선교회가 처음 조직되기 전에 처음으로 5명의 선교사를 구할 때도 주님께 기도했고, 중국내지선교회를 위해 처음으로 24명의 선교사를 구할 때도 주님께 기도했고, 선교할 곳이 늘어나 더 많은 선교사가 필요할 때마다 언제나 기도로 주님께 구했다. 3년이 지나 70명의 선교사가 더 필요할 때도 주님께 기도했고, 그로부터 1년이 지난 후에 100명의 선교사가 필요할 때도 주님께 기도했을 뿐 아니라 선교사가 필요할 때는 언제든지 주님께 기도했다. 우리는 지금까지 선교사를 구할 때는 언제나 주의 인도하심을 받는다는 원칙을 따라왔다. 기도 외에 어떤 방법으로 수많은 나라에서 온 거의가 다 다른 교파에 소속된 선교사들이 30여년간 함께 일하면서도 별다른 구속력 없이 연합할 수 있었겠는가? 700명 이상의 선교사들이 500명 이상의 중국선교사들과 연합할 수 있는 방법은 기도 외엔 없다.

1859년에 일어난 부흥의 발단

1856년 11월에 제임스 맥퀼킨(James McQuilkin)[3]이라는 한 젊은 아일랜드인이 주님을 알고 영접하게 되었다. 맥퀼킨은 회심하자마자 신문에 광고된 나의 일화집 가운데 처음에 발간된 2권을 읽었다. 그는 내 일화집이 너무나 읽고 싶어 1857년 1월경 이 책을 샀다. 하나님은 이 책을 통해서 그의 영혼에 큰 복을 주셨는데 특별히 그의 눈에 띈 것은 기도로 필요한 것을 얻을 수 있다는 말씀이었다. 그는 자신에게 이런 말을 했다고 한다. '뮬러씨가 단지 기도에 의해 얻은 것을 봐라. 나도 그처럼 기도로 축복을 얻을 수 있을거야.' 그때부터 그는 기도에 전념하며 '주님을 아는 영적 친구를 보내주옵소서.' 라고 구하기 시작했다. 그는 얼마 지나지 않아서 전에는 믿었으나 지금은 믿지 않고 있는 한 젊은이(제레마이어 메닐리·Jeremiah Meneely)를 알게 됐다. 이 두 젊은이는 콘너(Connor) 교구에 있는 어느 한 주일학교에 모여서 기도회를

역자 주 3: 제임스 맥퀼킨 - 1860년에 일어난 영국 울스터 부흥의 주역으로 조지 뮬러의 일화집을 읽고 그와 같이 기도하여 하나님의 은혜를 구하기로 작정한 후 기도회를 시작한 것으로, 제임스 오르(Orr James, 1844-1913, 19세기 스코틀랜드의 교회사가)에 의해서도 인정된 인물. 이 부흥의 결과로 울스터 전역에 놀라운 영적 변화가 일어남.

시작했다. 기도한대로 응답받아 영적 친구를 얻은 맥퀼킨은 주님의 인도로 숨어있는 의인들을 더 많이 만나게 해달라고 기도드렸다. 얼마 지나지 않아 주님께서는 그보다 어린 두 젊은이를 알게 해주셨는데 그의 생각에는 이 두 젊은이는 전에 주님을 믿었던 사람들로 여겨졌다.

1857년 가을에 맥퀼킨은 기도 응답으로 알게 된 이 세 명의 젊은이들에게 내(뮬러) 일화집에서 발견한 축복을 통해 그가 어떻게 믿음의 기도의 능력을 경험했는지 상세히 들려주었다. 그리고 나서 그들이 맡은 주일학교의 각종 사역, 기도회, 복음전도에 주님의 능력을 받도록 구하기 위해 기도회로 모이자고 제안했다. 약속대로 1857년 가을에 콘너교구에 속한 켈즈(Kells) 마을 부근에 있는 작은 학교에 이 네 젊은이들은 매주 금요일 저녁마다 기도하기위해 모이기 시작했다. 이때 미국에서는 크고 강력한 성령의 역사가 나타나 전국에 널리 알려진 뒤였다. 이 소식을 들은 맥퀼킨은 '하나님이 단지 기도에 응답하셔서 뮬러씨를 통해 그처럼 큰일을 베푸셨다면, 왜 우리 마을에서는 뮬러씨가 받은 기도응답과 미국에서 일어난 성령의 역사를 볼 수 없는 걸까?' 라고 자신에게 말했다.

1858년 1월 1일에 주님께서는 이들에게 첫 번째 기도 응답으로 농장의 한 하인이 회심하는 표적을 보여주셨다. 이 하인도 기도회에 참석하게 되어 기도회에 모이는 젊은이는 모두 5명이 되었다. 그 날부터 얼마 지나지 않아 20세쯤 된 또 다른 젊은이가 주님을 영접한 뒤 기도회에 참석하는 사람은 모두 6명으로 늘어났다. 회심하는 젊은이들이 늘어나자 기도회를 시작한 맥퀼킨과 다른 세 젊은이가 담대함을 얻게 되었다. 계속해서 젊은이들이 주님의 자녀가 되어 기도회 참석자 수는 더욱 늘어났다. 하지만 오직 주님을 영접한 사람들만 그 기도회에 참석할 수 있도록 허용했다. 이 기도회에서는 성경을 읽고, 기도하고, 성경에서 깨달은 생각을 서로 나누었다. 이 기도모임 외에도 복음 전도를 위한 많은 모임들이 북아일랜드의 동부에 있는 앤트림(Antrim) 지방의 콘너교구에서 열리기 시작했다. 이때까지는 많은 영혼들이 회심했지만 모든 일이 조용히 이루어졌다. 하지만 얼마 안되어 부활한 후에 얻게 될 신령한 몸으로 변화된 것같이 육체적 피로가 사라지더니 놀라운 부흥의 역사가 전개되기 시작했다.

1858년 성탄절 무렵에 아호길(Ahoghill) 출신의 한 젊은이가 콘너로 이사와 살다가 이 작은 기도 모임을 통해 회심한 후에 고향에 돌아가서 옛 친구들을 만나게 되었다. 친구들과 만나 그들의 영혼에 관해 이야기를 나누던 가운데 콘너에서 일어난 하나님의 역사에 대해 전하자 이 이야기를 들은 젊은이들은 회심을 통해 거듭난 이들을 직접 만나보기 원했다.

이들은 1859년 2월 2일에 맥퀼킨과 함께 처음으로 기도회를 시작한 두 친구를 초청하여 아호길에 있는 장로교회들 중 한 곳에서 간증 집회를 열었다. 이 집회에 참석한 사람들 가운데는 이들의 간증을 그대로 믿는 사람들이 있는가 하면 빈정거리며 불신하는 사람들도 있었을 뿐 아니라 이 젊은이들의 간증이 너무 과장된 것이라고 말하는 사람도 있었다. 하지만 더 많은 사람들이 집회를 다시 열기를 간절히 원했다. 초청간증집회가 이곳에서 다시 열리게 된 것은 그로부터 14일 뒤인 2월 16일이었는데 이때부터 성령의 역사가 나타나기 시작했다. 성령이 강하게 역사하는 가운데 많은 영혼들이 죄악의 사슬을 끊어버리고 주님께로 돌아오기 시작했는데, 이때부터 회심자의 수는 놀랍도록 늘어만 갔다. 이 회심자들 가운데 일부가 다른 지역으로 건너갔는데 이들과 함께 소위 '성령의 불'(the Spiritual fire)이 함께 전해졌다. 성령의 복된 역사는 수많은 곳으로 불길처럼 번져 나갔다.

1859년 4월 5일에 맥퀼킨은 밸리메나(Ballymena)에 초청되어 그곳 장로교회들 중의 한 군데에서 간증집회를 열었고 4월 11일에는 또 다른 장로교회에서 집회를 열게 되었다. 수많은 영혼들이 자신의 죄를 깨닫게 되었고 성령의 역사는 밸리메나에서 걷잡을 수 없이 번져나가기 시작했다. 1859년 5월 28일에 맥퀼킨은 아일랜드의 벨파스트(Belfast)에 초청을 받아 첫 주간에만 다섯 군데의 장로교회에서 집회를 인도했는데, 이때부터 성령의 복된 역사가 벨파스트에서도 나타나기 시작했다. 이 모든 곳에 초청될 때마다 그와 동행한 친구는 제레마이어 메닐리였다. 이 젊은이는 나의 일화집을 읽고 감동을 받아 매퀼킨과 기도를 처음으로 시작한 세 젊은이 가운데 한 사람이었다. 이때부터 성령의 역사는 더욱 더 급속히 전파되기 시작했는데, 그 이유는 주님께서 회심한 젊은이들을 통해 진리를 여러 곳으로 전파시키셨기 때문이었다.

이런 일들은 성령의 강력한 역사의 시작에 지나지 않았다. 왜냐하면 계속되는 성령의 역사를 통해 지금까지 수십만 명이 주님 앞으로 나아왔기 때문이다. 이 글을 읽는 독자들 가운데는 이 불길이 1859년 잉글랜드, 웨일즈, 스코틀랜드 전역에서 타오르기 시작하여, 아일랜드, 잉글랜드, 웨일즈, 스코틀랜드를 통해 영국 전역에 어떻게 퍼져 나갔으며, 어떻게 유럽대륙에까지 전해졌는지, 그리고 그 결과로 수천 명의 젊은이들이 복음 전도자의 사역에 헌신했으며, 아일랜드에서 시작된 이 성령의 역사가 어떻게 1874년까지 지속되었어 지금도 유럽에서 계속되고 있다는 사실을 기억하는 독자들도 있을 것이다. 이러한 역사로 인해 받아야 할 모든 영예는 이 일에 쓰임받은 사람들이 아니라, 오직 성령께만 돌려져야 한다는 것은 두말할 나위가 없지만, 이런 역사가 나타난 원인은 하나님의 자녀들이 믿음의 기도를 드렸기 때문이다. 하나님께서 그 기도에 풍성히 응답하신 덕분이라고 말할 수 있을 것이다.

뮬러의 결혼

일화집 3권에서 조지 뮬러는 그의 첫째 아내인 메리 그로브즈(Mary Groves)와의 첫 만남에서부터 결혼에 이르기까지 인도하신 하나님의 섭리의 손길을 자세히 기록하고 있다.

그로브즈와 결혼할 수 있도록 모든 과정에서 하나님은 나를 온전히 인도하셨다. 나는 하나님의 손 안에 있었다. 하나님의 손길이 너무도 분명하였으므로 나의 영혼은 '하나님은 선하시므로 선을 행하시는도다'라고 고백하지 않을 수 없었다.

지금부터 다른 사람들에게 도움이 될 수 있도록 나를 결혼으로 인도하신 하나님의 섭리에 관해 소개하려고 한다. 1829년 말에 디본셔(Devonshire)에서 복음을 전하려고 런던을 떠날 때, 한 믿음의 형제가 유명한 믿음의 자매인 페이젯(Paget)양의 주소가 적힌 명함을 한 장 내게 건네주었다. 페이젯양은 디본셔의 중심인 엑세터(Exeter)에 살고 있었는데, 이

자매가 워낙 큰 영향력을 발휘하는 그리스도의 일꾼이었으므로, 디본셔에 도착하자마자 찾아가보기로 맘을 먹고 그 명함을 받아 주머니에 넣어 두었는데, 그 후에 이 일을 까맣게 잊어버리고 말았다. 나는 디본셔에 도착한 지 3주가 지나서야 주머니 안에 들어있던 명함을 발견했다. 돌이켜 보건대 이것은 나의 소중한 믿음의 아내를 만나게 하시려고 인도하신 하나님의 섭리였다. 페이젯양은 내게 1830년 1월 마지막 화요일에 그곳에서 멀지않은 폴티모어(Poltimore) 마을에 예비해 놓은 한 교우의 집에서 설교해줄 것을 부탁했는데, 이곳은 후에 나의 처남이 된 그로브즈형제(A. N. Groves, 후에 뮬러의 정신을 계승한 동역자)가 바그다드선교사로 떠나기 전에 한 달에 한 번씩 설교해 온 모임이 열리는 곳이었다. 나는 즉시 이 초청을 받아들였다. 소중한 주님의 재림에 대한 가르침과 최근에 와서 깨닫게 된 다른 중요한 진리를 전하기 위해서라면 어느 곳이라도 기꺼이 가겠다고 이미 결심했기 때문이다.

방문을 마치고 떠나려 할 때 페이젯양이 헤이크(Hake)라는 믿음의 형제의 집 주소가 적힌 명함을 내게 건네주었다. 헤이크형제는 노던헤이 하우스(Northern Hay House)에서 영아학교(Infant Boarding School)를 운영하고 있었다. 이 집은 전에 그로브즈 형제의 집으로 사용하던 곳이었는데, 내가 테인마우스(Teignmouth)로부터 액세터를 방문할 때면 머물 수 있도록 이곳을 예비해 놓았던 것이다. 나는 약속된 시간에 헤이크형제가 운영하는 영아학교로 찾아갔다. 바로 이곳에서 장래 나의 사랑하는 아내가 될 그로브즈양을 만났다. 헤이크형제의 아내가 오랫동안 투병 중이어서 큰 어려움을 겪고 있는 헤이크형제를 도와 그로브즈양이 그곳의 살림을 도맡아 하고 있었던 것이다. 이 첫 번째 방문은 한 달 후에 다시 폴티모어에서 설교하기 위한 두 번째 방문으로 이어졌고, 이때도 역시 전처럼 헤이크씨 집에서 머물게 되었다. 그 이후로 나는 매주 한 번씩 테인마우스에서 엑세터를 오가게 되었는데 엑세터에 들를 때마다 헤이크 형제의 집에 머무르곤 했다. 이때만 해도 나는 결혼보다는 복음 전파를 위한 여행에 지장이 없도록 독신으로 지내는 편이 더 낫다고 생각하고 있었지만, 이렇게 여러 달을 지내다 보니 문득 이런 생각이 떠올랐다.

'25살이 채 안된 젊은 목사지만 결혼하는 것이 더 낫지 않겠는가?' 그런데 문제는 '누구와 결혼할 것인가?' 하는 것이었다. 그로브즈양이 내 마음 속에 자리 잡고 있었지만 결혼을 결심하기까지는 오랜 기도의 싸움이 기다리고 있었다. 헤이크부인이 완치되어 그 큰살림을 도맡아 할 수 있기 전에 이 소중한 자매를 나의 배필로 맞이한다는 것은 이기적이라는 생각을 떨쳐 버릴 수가 없었기 때문이다. 하지만 나는 계속하여 이 문제를 놓고 주님께 간구드렸다. 마침내 이런 결심에 이르게 되었다. 그로브즈양에 대한 나의 사랑이 마음에 자리 잡았으므로 청혼하는 것이 마땅하지만, 지금 그로브즈양에게 청혼하는 것은 어려움을 겪고 있는 헤이크형제를 더욱 어렵게 만들뿐이다. 그러므로 그로브즈양을 대신하여 헤이크형제를 도울 적합한 사람을 보내주시도록 하나님께 간구해야겠다. 그래서 1830년 8월 15일에 그로브즈양에게 편지를 보내어 아내가 되어 달라고 정식으로 청혼을 했다. 그런 후 설교하기 위해 엑세터에 도착했을 때 그녀는 내 청혼을 받아들여 주었다. 청혼을 받아들인 후에 우리가 첫 번째 한 일은 주님 앞에 무릎 꿇고 주 안에서 하나되려 하는 우리를 축복해 주시도록 간구한 것이었다. 2, 3일쯤 지나서 기도의 응답으로 헤이크부인이 병석에 누워있는 동안 집안일과 영아학교 일을 도맡아 해줄 적합해 보이는 사람을 발견하게 되었다. 마침내 1830년 10월 7일 나는 그 로브즈양과 주 안에서 하나가 되었다. 우리의 결혼예식은 매우 소박했다. 우리는 교회에서 결혼예식을 진행했는데 결혼식 때면 으레히 갖는 결혼축하 하객을 위한 조찬식사도 없었다. 오후에는 결혼피로연도 생략하고 헤이크형제 집에 믿음의 형제 자매들이 모여 주님의 대속의 죽으심을 기리며 성찬식에 참여한 것이 전부였다. 헤이크형제집을 떠나 사랑하는 아내와 함께 마차를 타고 테인마우스로 갔다. 다음 날부터 우리는 전과 같이 주님을 위해 일하기 시작했다. 세상의 결혼 풍습과 달리 결혼식을 간소하게 올렸지만 우리가 이루어야 할 경건한 목표가 남아있기에 우리는 여느 때와 다름없이 주님의 일을 감당해 나갔다. 이제부터 사랑하는 아내를 맞이하기까지 고비마다 인도하신 하나님을 손길을 하나씩 짚어보려 한다.

1. 페이젯양의 주소가 내게 건네진 것은 하나님의 인도하심이었다.
2. 비록 많이 지연되었지만 결국 페이젯양의 집을 방문하게 된 것은 하나님의 인도하심에 의해 이루어진 일이었다.

3. 페이젯양이 다른 그리스도인의 집을 내게 소개할 수도 있었을 텐데 그로브즈양이 있는 집에 나를 머물게 한 것은 하나님의 섭리가 아닐 수 없다.

4. 내가 청혼하지 않기로 결심할 수 있었지만 하나님께서 내 양심을 통해 '네가 이 믿음의 자매의 마음에 사랑이 자리 잡도록 했으니 네 믿음의 형제이자 친구인 헤이크에게 괴로운 일이 될지라도 청혼을 해야 한다.' 고 말씀하셨으므로 나는 주님의 인도에 순종하여 청혼하는 편지를 그로브즈양에게 보냈다. 그 결과로 지금까지 축복을 누리고 있는 것이다.

여기에 많은 믿음의 형제자매들에게 도움이 될 만한 조언을 하려고 한다. 주님 안에서 결혼하여 하나되는 일은 인생에서 가장 중요한 일 가운데 하나이다. 따라서 결혼을 앞두고 기도를 많이 드리는 것은 당연한 일이다. 우리의 미래, 행복, 하나님을 위해 유용하게 쓰임, 하나님을 위한 삶은 배우자 선택과 밀접하게 연관되어 있는 경우가 많으므로 언제나 기도하면서 배우자를 선택해야 후회하지 않게 될 것이다. 외모, 나이, 재산, 지적 능력을 보고 배우자를 선택해서는 안된다. 후회하지 않는 결혼을 하려면 꼭 알아야 할 점이 몇 가지 있다.

첫째, 하나님의 인도를 받기 위해 기다릴 줄 알아야 한다.

둘째, 하나님의 인도에 기꺼이 따르기 위해서는 마음에 품은 뜻을 비워야 한다.

식사시간

셋째, 하나님의 도우심을 의심하지 않는 진정한 경건을 생의 반려자가 지녀야할 첫 번째 혹은 가장 중요한 자질로 여겨야 한다.

이 외에도 좋은 배우자를 구하기 위해서는 자신과 어울리는 사람인지 조용히 그리고 끈기있게 살펴보아야 한다. 그 예로 많이 배운 남성이 많이 배우지 못한 여성을 배우자로 맞이하는 일은 지혜롭지 못한 일이다. 남편이 많은 사랑으로 아내의 부족함을 덮어준다 해도 자녀들에게 좋지 못한 결과를 가져올 수 있기 때문이다.

위중한 딸을 위한 기도

1853년 7월에 주님께서는 지금까지 한번도 경험해 보지 못한 방법으로 나의 믿음을 시험하셨다. 1846년 초에 하나님의 자녀가 된 나의 사랑하는 외동딸이 6월 20일에 위중한 병에 걸렸기 때문이다.

처음에는 열이 별로 없었는데 점점 열이 심해지더니 발진티푸스로 악화되었다. 7월 3일에는 회복될 가망성조차 없어 보였다. 내게는 큰 믿음의 시험이 아닐 수 없었지만, 믿음으로 시험을 이겨나갔다. 사랑하는 아내와 내가 이 아이를 주님의 손에 맡길 수 있게 되었던 것이다. 하나님께서는 우리 내외를 그 자비하신 손길로 강하게 붙잡아 주셨다. 하지만 나는 내 자신이 겪은 일만은 소개하려고 한다. 하나밖에 없는 나의 사랑하는 딸이 죽음의 문턱에 이르렀는데도 나의 영혼은 완전한 평강 속에서 하늘에 계시는 아버지의 뜻에 만족하여 이 딸과 그 부모된 우리 내외에게 결국 가장 좋은 것으로 갚아 주실 것을 확신하고 있었다. 내 딸은 7월 20일까지는 심한 병세가 차도가 없었지만 그 이후로부터 회복되기 시작했다.

8월 18일에는 딸아이가 많이 회복되어 클리브던(Clevedon)으로 이동할 수 있게 되었다. 발진티푸스를 앓는 동안 너무 쇠약해진 몸을 위해 공기가 맑은 곳으로 가려고 한다. 처음 병석에 누운 지 무려 55일만에 이만큼 호전된 것이다.

　부모라면 누구나 하나 뿐인 자녀가 얼마나 사랑스러운지를 너무나 잘 알 것이다. 그것은 믿음을 가진 부모에게도 마찬가지이다. 그런데 하늘에 계신 아버지께서 그분의 경륜에 따라 내게 말씀하셨다. '너는 이 아이를 기꺼이 내게 바칠 수 있겠느냐?' 내 마음은 즉시 이렇게 하나님께 대답했다. '하늘에 계신 나의 아버지, 아버지께서 선히 여기시는 대로 하옵소서. 아버지의 뜻대로 이루어지기 원합니다.' 놀라웁게도 나와 아내의 마음이 우리의 사랑하는 딸을 선물로 주신 하나님께 기꺼이 되돌려 드리려고 준비했을 때, 하나님께서는 이 아이를 우리 곁에 두시기로 작정하셨다. 그래서 이 아이는 위급한 병에서 놓여났다. 아이가 살아난 것이다.

　시편 37편 4절은 "여호와를 기뻐하라 저가 네 마음의 소원을 이루어 주시리로다"라고 말씀하고 있다. 내 마음의 소원은 하나님의 뜻이라면 사랑하는 나의 딸이 우리 곁에 남아있는 것이다. 이 아이를 우리 곁에 머물게 하는 방법은 하나님의 뜻에 만족하는 것이었다.

지금까지 내가 겪어 온 믿음의 시험 가운데서 가장 어려웠던 시험이 바로 나의 딸로 인해 받은 시험이었지만 풍성하신 하나님의 긍휼에 힘입어 시험에 굴복하지 않고 하나님을 찬양하며 하나님의 뜻안에 거하기를 즐거워할 수 있었다. 이처럼 담대하게 행동할 수 있었던 까닭은 설령 주님께서 이 사랑하는 딸을 데려가신다 해도 그것은 나와 내 아내에게 가장 유익할 뿐 아니라 내 딸 본인에게도 유익하고 그 아이가 사는 것보다 하나님께 더 큰 영광을 돌릴 수 있을 것이라고 온전히 확신했기 때문이다. 내가 하나님께나 우리에게나 더 좋은 쪽에 만족하기를 원하자 내 마음에 평화, 그것도 온전한 평화가 넘치게 되어 한 순간도 딸아이의 생사 문제로 근심하지 않을 수 있었다. 이처럼 고통스런 환경에 둘러쌓이게 될 때 하나님의 자녀는 믿음을 사용하게 되는 것이다.

일용할 양식

1844년 8월 3일 토요일 우리는 단돈 12실링만 가지고 하루를 시작했다. 나는 내 자신에게 이렇게 속삭였다. '이제 주님께서 우리를 오늘의 어려움에서 구해내시는 법을 또 한번 봐야겠는걸. 주님은 오늘도 우리를 분명히 이 어려움에서 구해주실 것이거든. 그 동안 우리가 어려움에 처해 있던 그 수많은 토요일마다 어김없이 주님이 도와주셨잖아. 그러니까 이번에도 주님이 우리를 이 어려움에서 구해주실거야.' 오전 9시에서 10시 사이에 세 명의 동역자와 함께 오늘 필요한 도우심을 베풀어주시도록 사택에서 온 맘을 다해 기도하고 있었다. 그때 내 방문을 두드리는 소리가 들리더니 어떤 신사 한 분이 나를 만나러 왔다는 소식을 전해주었다. 기도를 마치고 나서 그 신사가 반스테이플(Barnstaple)에서부터 고아원을 위해 쓰도록 1파운드 2실링 6페니의 후원금을 가져온 테드버리(Tedbury)출신의 한 형제인 것을 알게 되었다. 이렇게 해서 가진 돈이 1파운드 14실링 6페니가 되었지만, 우편물이 담긴 주머니와 함께 고아원에 돌려주어야 했으므로 주님께 더 많은 도움을 주시도록 간구드렸다.

8월 6일 운영기금이 모두 떨어져 수중에 단 1페니도 없는 가운데 하루가 시작되었다. 우편으로 들어온 후원금도 없었고 사람이 직접 와서 전달하는 후원금도 없는데, 오전 10시 10분쯤 되었을 때, 고아원에서 우편배달물이 들어있는 주머니를 전달받았다. 그 속에 필요한 도움의 손길이 들어 있었다. 이제 주님의 구원의 손길을 보라! 우편배달물 주머니에서 고아원 동역자가 쓴 편지를 발견했는데 그 안에는 1파운드짜리 금화 두 개가 들어있었다. 이 후원금을 기부한 사람은 고아원에서 동역하는 자매 중의 한 사람이었는데, 동봉한 편지에는 이 후원금은 방금 전에 전혀 예기치 않았던 선물을 받고, 그 중의 일부를 기부한 것이라고 써있었다. 이렇게 해서 오늘 필요한 양식을 공급받게 되었다.

9월 4일 가진 것이라곤 1파딩(1/4페니)짜리 동전 한 개뿐인 가운데 아침을 맞았다. 사랑하는 독자 여러분, 잠시만 생각해 보라! 하루를 시작하는 이 아침에 가진 것이라곤 1파딩뿐인 것이다. 이 1파딩을 가지고 140명에 달하는 대식구의 필요를 채워야 한다고 생각해 보라. 여러분 가운데 슬하에 둔 자녀가 6명에서 8명쯤 되고 월급이 얼마 안되는 가난한 형제가 있다면 이런 상황을 한번 생각해 보라. 노동으로 먹고사는 어려운 계층에 속하지는 않았을지라도 재산이 많지 않은 형제자매가 계시다면 이런 형편을 한번 상상해 보라! 여러분은 시험을 당해 우리처럼 할 수 없을 것 같은가? 그렇다면 주님께서 여러분을 나와 고아원 식구들보다 덜 사랑하시는가?

요한복음 17장 20절에서 23절에 기록된 말씀을 보라. 하나님은 그분의 자녀 가운데 가장 못난 자라 할지라도 독생자 예수님과 동일하게 사랑하는 분이 아니신가? 그렇지 않다면 우리가 여러분보다 더 거룩한가? 결코 그렇지 않다. 우리는 여러분과 같이 비천한 죄인일 뿐 아니라 가진 것도 없다. 어떤 하나님의 자녀인들 자신이 지닌 값어치에 의해 하나님께 요구할 수 있겠는가? 하늘에 계신 아버지로부터 은혜를 받을 수 있게 만드는 것은 우리가 지닌 어떤 자격이 아니라 주님을 믿는 자에게 옮겨진 예수 그리스도의 의 밖에 없지 않은가? 그러므로 사랑하는 형제자매들이여, 우리에게 무엇이 부족하든 주님의 의에 의지하여 주님께 간구할 때 고아원에 필요한 것을 채워주셨듯이 주님을 믿는 자녀라면 누구에게든지 기꺼이 도와주실 것임도 알아야 한다. 자,

그러면 이제부터 내 수중에 동전 한 닢 밖에 남지 않았던 1844년 9월 4일에 하나님께서 우리를 어떻게 도우셨는지 이야기해 보려 한다.

오전 9시가 조금 지났을 때 사는 곳의 주소를 밝히고 싶어 하지 않는 한 자매가 찾아와서 금화 1파운드를 기부하고 돌아갔다. 10시가 넘고 11시가 채 안되었을 때에 고아원에서 우편물이 들어있는 가방을 가져왔는데 고아원에 오늘 필요한 경비가 1파운드 2실링이라고 적힌 종이 한 장이 들어있었다. 잠시 후에 맨체스터(Manchester)지역에 사는 한 신사가 찾아왔다는 전갈이 왔다. 그는 주님을 믿는 자녀로서 사업상의 일로 브리스톨에 와 있는 동안에 우리 고아원 이야기를 듣고 놀라지 않을 수 없었다고 했다. 정기적으로 후원금을 모으거나 개인후원제도도 없이 믿음과 기도로만 1년에 2,000파운드 이상의 예산을 주를 위해 쓰고 있으니 어찌 놀라지 않을 수가 있겠는가! 한 번도 본 적이 없고 그가 이곳을 방문하기 전까지는 이름도 알지 못했던 믿음의 형제가 내게 2파운드의 후원금을 기부했다.

하나님께서는 우리 기도의 응답으로 이 형제를 보내시어 이 날의 필요를 채워주셨다.

"가난한 자들은 너희와 항상 있거니와"

1845년 2월 12일 아침에 오늘 필요한 고아원 운영 경비를 건네주고 나니 다시 수중에는 16실링 2.5페니 밖에 남지 않았다. 보통 고아원의 하루 살림에 소요되는 비용의 4분의 1밖에 되지 않는 금액이다. 부족한 금액을 놓고 하나님께 다시 기도 드리기 위해 늘 하던 대로 사랑하는 아내와 처제가 다시 모여 고아원 사역을 위해 많은 복을 내려 주시고 부족한 예산을 채워주시도록 간구 드렸다.

한 시간 쯤 지났는데 디본셔(Devonshire)에서 온 편지 한 통을 받았다. 이 안에는 22파운드의 후원금이 들어있었는데, 10파운드는 고아원을 위해, 2파운드는 브리스톨에 사는 한 가난한 형제를 위해, 그리고 나머지 10파운드는 내 사역을 위해 쓰도록 기부한 것이었다. 고아원을 위해 우리가 드린 기도에 하늘에 계신 아버지께서 응답하시기를 기뻐하신다는 사실을 보여주는 새로운 증거를 받았을 뿐 아니라 하나님의 선하심을 확인하고 나니 무척 기뻤다. 그 동안 우리 가운데 거하는 가난한 성도들의 궁핍함이 특히 마음에 걸려왔었다. 오늘 아침에 "가난한 자들은 항상 너희와 함께 있으니 아무 때라도 원하는 대로 도울 수 있거니와"라는 마가복음 14장 7절의 말씀이 거듭해서 나의 마음을 감동시켜 가난한 성도를 위해 특별히 기도드렸다.

이 날 아침은 올 겨울 들어 가장 추운 날씨였다. 아침 산책 시간에 기도하고 묵상하면서 나는 필요한 석탄과 영양가 있는 음식, 따뜻한 옷을 넉넉하게 공급받고 있지만 얼마나 많은 하나님의 자녀들이 궁핍함을 겪고 있을까하고 생각하니 기도하지 않을 수 없었다. '하나님, 어려움을 겪고 있는 가난한 성도들에게 보다 풍성한 사랑을 행동으로 보여줄 수 있도록 제게 더 많은 도움의 손길을 베풀어주옵소서.' 라고 간절히 기도드렸더니 이로부터 세 시간이 채 못 되어 기도 응답을 통해 10파운드의 기부금을 받게 된 것이다. 하나님을 찬양할지라!

우리의 걸음을 인도하시는 주님

1847년 2월 1일 아침 식사를 하기 전에 산책을 나갔다. 이 날 따라 전에 자주 다니다가 최근 몇 주 동안 가지 않던 길을 택했다. 하나님께서 이 길로 나를 인도하시는 데는 어떤 뜻이 있는 듯 그 길로 가고 싶은 강한 이끄심을 느꼈기 때문이다. 집으로 돌아오는 길에 아침마다 산책길에서 만나다가 산책로를 바꾸는 바람에 만날 수 없었던 점잖은 믿음의 형제 한 사람을 만났다. 이 형제는 내 앞에서 발걸음을 멈추더니 고아원 사역에 써달라고 2파운드의 후원금을 선뜻 기부했다. 이때에야 비로소 하나님께서 나를 이 길로 인도하신 까닭을 깨닫게 되었다. 수중에 지닌 돈이 모자랐었는데 이제 다음 주에 사용할 고아원 운영경비를 내일 저녁에 보모들에게 건네줄 수 있게 되었기 때문이었다.

2월 4일 어제는 후원금이 전혀 들어오지 않았다. 오늘 아침에 고아원 재정을 위해 전심으로 기도하려 하는데, 주님 안의 한 자매가 1파운드의 금화를 기부했다. 이 자매가 보낸 글에는 '고아들을 만나 이들의 깨끗하고 단정한 모습에 감동을 받은 한 친구로부터'라고 쓰여있었다. 이 후원금을 받은 후에 나는 오늘 필요한 예산을 채워 주시고 고아원의 필요한 다른 지출을 위해서도 모자람이 없도록 인도해 주시기를 함께 기도드렸다. 15분쯤 무릎 꿇고 기도하다가 끝냈을 때 5파운드의 후원금이 들어있는 편지를 또 한 통 받았다. 이 후원금을 보낸 사람은 그 돈의 용도를 밝히면서 그 기부금이 상속받은 길다란 땅을 철도 회사에 팔아서 얻은 돈이라고 설명했다. 하나님이 우리의 기도에 응답하시려고 사용하시는 방법은 그야말로 얼마나 다양한가.

끊임없는 믿음과 인내의 시험에 승리함

고아원 사역의 규모가 보다 커져 330명의 고아원 식구들의 필요를 채워야 했으므로 믿음의 시험은 끊일 날이 없었다. 뮬러는 이러한 믿음의 시험을 기도로 극복한 체험을 이렇게 소개하고 있다.

전에도 확실한 수입이 없었듯이 지금도 우리는 고정된

수입이 없다. 고아원 사역과 연관된 모든 것을 얻기 위해 우리는 하나님께 구하는 방법 외엔 다른 해결책이 없다. 고아원에 필요한 것이 점점 많아지면서 재정 문제는 가장 작은 문제에 지나지 않는 경우가 많게 되었다. 하지만 우리는 하나님을 바라보며 구할 수 있었으므로 어떤 문제를 만나더라도 실망하지 않을 수 있었다.

1852년 10월 7일 오늘 저녁에는 고아원을 위해 당장 사용할 수 있는 경비가 8파운드밖에 남지 않았다. 지금까지 우리에게 필요한 것은 거의 언제나 풍성하게 채워졌다. 하지만 고아원 사역이 확장된 이후로는 많은 후원금이 들어오는데도 늘 지출이 수입을 초과하게 되었다. 그 이유는 내 재량으로 처리할 수 있는 후원금 가운데 거의 대부분을 고아원 건축기금을 모으는데 보탰기 때문이다. 그러므로 많은 후원금이 기부되고 있는데도 지난 5월 26일부터 수중의 잔고는 8파운드 가량을 넘어 본 적이 없다.

10월 9일 오늘 아침 식사를 하기 전에 성경을 읽는 가운데 누가복음 7장을 읽게 되었다. 백부장과 나인성 과부의 아들을 죽음에서 살리신 기사를 읽던 도중에 주 예수 그리스도께 이렇게 기도드렸다. '주 예수님, 주님께서는 과부의 아들을 살리신 것과 동일한 능력을 지금도 가지고 계시므로 제게 맡겨진 주님의 사역을 위해 필요한 물질을 공급해 주실 수 있음을 믿습니다. 저희에게 필요한 재정을 채워주옵소서' 기도를 드린 지 30분도 채 지나지 않았을 때에 기도응답으로 230파운드 15실링의 후원금을 받았다.

이 기도의 응답으로 인해 지닐 수 있는 마음의 넉넉함이란 그 무엇으로도 형용할 수 없는 것이다. 하나님만 바라며 내 힘으로 문제를 해결하려는 성경에 어긋난 방법을 쓰지 않기로 결심했다. 건축기금으로 수 천 파운드의 돈을 가지고 있지만 이 돈은 고아원 건축을 위해 따로 떼어놓은 예산이므로 눈앞에 닥친 어려움을 해결하는데 사용해서는 안된다. 하지만 두달간 연체된 고아원의 경비를 건축기금 중의 일부를 사용하여 갚을까하고 잠시 생각하고 있던 즈음에 공교롭게도 고아원 건축기금으로 남긴 유산 100파운드가 기부되었다. 그런데도 우리는 지금까지 우리가 해온 대로 도움을 얻는 하나님의 방법에서 한 걸음도 벗어나지 않았다. 이 유산을 건축기금에 넣으려고 은행으로 가져가려고 하던 바로 이때 230파운드 15실링의 후원금이 도착한 것이었다. 건축기금에 손대지 않고 하나님께만 의지하리라 결심한 순간에 하나님의 도움의 손길을 만나게 된 것이다. 내 영혼은 하나님의 선하심을 높이 찬양하였다.

1853년 6월 13일 너무나 모자라는 것이 많다. 남에게 빚을 졌거나 돈이 씨가 말라버린 것은 아니다. 아직도 12파운드 가량이 수중에 남아있기 때문이다. 하지만 우리는 지금 밀가루를 사지 않으면 안된다. 보통 우리는 밀가루 10포대, 오트밀 1,890 킬로그램, 비누 200 킬로그램 남짓을 한 번에 구입할 뿐 아니라 수많은 기술자들이 집에서 온갖 수리작업을 진행하고 있기 때문에 평균적으로 매주 70파운드의 경비가 지출될 만큼 살림살이의 규모가 커졌다. 이 모든 지출 항목 외에 그저께인 토요일에 난방장치가 고장 난 것을 알게 되었는데 수리하는 데만도 모두 25파운드가 필요한 것이다. 이 모든 일을 해결하려면 당장 지출해야할 경비 외에도 100파운드나 더 있어야 한다는 계산이 나온다.

하지만 나는 100파운드는커녕 100펜스도 얻을 방법이 없다. 게다가 오늘은 월요일이다. 지금까지의 추세로 보아 후원금이 가장 적게 들어오는 날이기도 하다. 오늘 아침 고아원을 향해 걸어가면서 특별히 이렇게 기도 드렸다. '주님, 오늘이 월요일이지만 주님은 제게 많은 도움의 손길을 베푸실 수 있음을 믿습니다.' 그 기도에 대해 주께서는 이렇게 응답하셨다. 바로 오늘 아침 주의 사역에 쓰라고 301파운드의 후원금을 받았다. 이것은 너무나 필요한 돈이었기에 내가 받은 기쁨은 말로 표현할 길이 없다. 나는 오랫동안 방안을 오가며 기쁨과 감사의 눈물을 흘렸다. 주님의 선하심을 찬양하면서 온 맘을 다해 주님의 복된 사역을 위해 다시 한 번 나를 드리기로 다짐하다보니 두 뺨 위에 넘쳐흐르는 눈물을 주체할 수 없었다. 내게 도움의 손길을 베푸신 주님의 온유하심을 이렇게 깊이 느껴본 적은 한 번도 없었다.

11월 9일 돈이 모자란다. 더 많은 기부금이 꼭 필요한 때이다. 주님은 우리의 믿음과 인내를 시험하고 계신다. 오후에 글로우체스터셔(Gloucestershire)에서 온 믿음을 가진 한 부부가 나를 만나러 새 고아원을 방문했다. 이 때 새 고아원은 완공을 눈앞에 두고 있었다. 그들과 만난 지 몇 분 후에 자매로부터 금화 1파운드를 기부받았는데 이 돈은 다른 사람의 부탁을 받고 전하는 건축기금이었다. 이 외에도 그 자매는 나의 경비로 1파운드, 건축기금으로 1파운드를 기부하고 같이 온 남편은 5파운드를 고아원을 위해, 5파운드를 해외 선교를 위해 기부했다. 이처럼 주님께서는 내 영혼에 큰 힘을 주셨지만 나는 보다 많은 도움의 손길을 보내주시도록 간구드렸다. 필요한 것이 너무나 많았기 때문이었다.

11월 12일 저녁 때 부족한 예산을 보내주시도록 간구드리고 있는데 작은 소포 하나가 도착했다. 이 속에는 새 고아원으로부터 그리 멀지 않은 곳에 사는 주님을 영접한 한 숙녀가 보내 온 10파운드의 금화가 들어 있었다. 이로 인해 내 영혼은 또 다시 새로운 힘을 얻게 되었다.

1854년 10월 17일 오늘 아침 기도회에서 출애굽기 5장을 읽는 가운데 모세가 하나님을 경배하도록 이스라엘 민족을 보내줄 것을 바로에게 요구한 후 그들을 향한 시험이 더욱 커져가는 장면을 읽게 되었다. 모세와 아론의 요청으로 인해 바로에게 미움을 받은 이스라엘 민족은 곡초 그루터기를 주워 전과 동일한 수의 벽돌을 만들어야 했다. 왜냐하면 애굽인들이 더 이상 짚을 주지 않았기 때문이다. 이 말씀에 근거하여 나는 하나님의 자녀에게 도움과 구원의 손길이 이르기 전에 전보다 더 큰 시험을 만나는 경우가 많다는 것을 설교했다. 가족기도회가 끝나자마자 필요한 것은 많고 지난주일 동안 기부된 금액은 너무나 적은데 아침 우편물을 통해서도 후원금이 전혀 들어오지 않았다는 것을 알았다.

출애굽기 5장의 말씀을 기억하면서 그 안에 담긴 진리를 실천하지 않으면 안되는 기로에 이른 것이다. 낮에도 후원금이 전혀 없었으나 저녁에는 평소와 같이 사랑하는 아내와 함께 내외성경연구원의 다양한 사역을 위해 간구하고 나서 새 고아원을 떠나 집으로 향했다.

오후 9시가 조금 안되어 집에 와보니 노르위치(Norwich)에서 온 두 통의 편지가 도착해 있었다. 한 통에는 5파운드 지폐와 5실링짜리 우편환이 들어 있었는데, 모두 건축기금으로 보내어진 것이었고, 다른 한 통에는 성경, 신앙에 관한 소책자, 보고서, 판매대금으로 사용하라고 보내진 8파운드 3실링 11페니가 들어 있었다. 마음에서 우러나오는 감사를 하나님께 드렸다. 잠시 후에 그러니까 오후 10시가 조금 못되었을 때 한 믿음의 형제가 집에 찾아와 1파운드를 고아원을 위해, 200파운드는 해외선교를 위해 써달라고 기부하고 돌아갔다. 이 기부금은 나이든 노부인에게서 받아 대신 전달한 것으로, 그 노부인이 평생을 하녀로 일하며 모은 돈이라고 말했다. 그 노부인은 지금도 일하며 1년에 30파운드 정도 밖에는 벌지 못하지만 그리스도의 사랑에 의해 일평생 번 돈을 해외선교를 위해 드리지 않고는 견딜 수 없었다고 했다.

우리의 특별한 간구는 쉬지 않고 드려졌다. '주님, 선교사들이 많은 어려움에 처해 있음을 분명히 아오니 그 형제들을 도울 수 있도록 도움의 손길을 베풀어주옵소서.' 저녁 8시에 이 문제를 위해 도움을 베풀어주실 것을 한번 더 특별히 간구했다. 이 날의 마지막 우편을 통해 영연방 기아나(Guiana)에서 사역하는 7명의 선교사들을 조금이나마 돕기 위해 선교후원금을 40파운드 보냈다. 이 돈은 선교사들을 도우려고 마지막으로 남겨 두었던 선교후원금이었다. 다른 선교사들에게도 후원금을 보낼 수 있었으면 얼마나 기뻤을까. 하지만 더 이상 선교사들을 도울 후원금이 남아있질 않다. 이제야 선교사들을 돕는 일에 참여하기 시작했을 뿐이다.

1854년 7월 12일 고아원 재정이 또 다시 악화되어 30파운드 가량밖에 남지 않았다. 6월 15일 이후로 지금까지 거의 한 달간 150파운드 가량 밖에 기부금이 들어오지 않았기 때문이다. 게다가 많은 경비를 지출할 일을 눈앞에 두고 있었다. 오늘 아침에 구약성경 잠언 부분을 읽다가 22장 19절에 이르게 되었다. "내가 네게 여호와를 의뢰하게 하려 하여 이것을 오늘 특별히 네게 알게 하였노니" 이 말씀을 보고 나는 이렇게 기도 드렸다. '주님, 제가 주를 믿사오니 저를 도와주옵소서, 왜냐하면 내외성경연구원의 온갖 사역에 당장 지출해야 할 경비를 위한 재정이 너무나 부족하오니 도움의 손길을 베풀어주옵소서.' 이 기도를 드린 후 첫 번째 도착한 우편을 통해 런던 은행이 발행한 100파운드짜리 수표를 받았다. 그 안에는 당장 필요한 일이 발생하거든 어떤 목적을 위해서든지 사용하라는 내용의 편지를 동봉하고 있었다.

영원을 맞이할 준비

회계 장부를 들여다보고 있으니 이미 세상을 떠난 형제자매들의 이름이 자꾸 눈에 띈다. 사랑하는 독자들이여, 여러분과 나의 인생도 언젠가는 이 세상에서의 여정을 끝낼 때가 반드시 올 것이다. 여러분은 영원을 맞이할 준비가 되어 있는가? 여러분을 사랑하는 마음으로 이 질문을 드리는 것이다. 부디 이 질문을 회피하지 말라. 지금 이 순간보다 더 중요한 순간은 어디에도 없다. 나름대로 중요한 어떤 일이라 할지라도 영원을 맞이하는 문제에 비하면 결코 중요하지 않을 것이다. 여러분 자신에게 이런 질문을 던져보면 어떻겠는가? '나는 어떻게 영원을 맞이할 준비를 할 것인가?' '어떻게 구원을 맞이할 것인가?' '어떻게 나의 죄에 대해 용서를 받을 것인가?'

그 대답은 이것이다. 영혼구원을 얻기 위해서는 주 예수님을 믿고 그분만을 의지하는 것이다. 왜냐하면 예수님을 믿기만 하면 죄인인 우리를 벌 받지 않게 하시려고 우리 대신 하나님에 의해 벌을 받으신 분이시기 때문이다. 주님은 율법의 요구를 모두 충족시키시고도 십자가에 달려 죽기까지 하나님께 순종하셨다. 우리같이 불순종하고 벌 받을 죄인이라도 그분을 믿기만 하면 십자가의 공로에 의지하여 하나님과 화목하고 의롭다 여김을 얻게 하기 위해서이다.

사랑하는 독자여러분! 지금까지 한 번도 영원에 대해 깊이 생각해 본 적이 없다면 바로 지금 주님이 하신 일에 대해 깊이 생각해 보시기 바란다. 예수를 믿는 것 외에는 우리 죄를 용서받고 하나님과 평화를 누리게 될 방법이 전혀 없는 반면에, 우리가 주님을 믿기만 하면 그 믿음에 의해 하나님의 자녀가 되고 하나님을 아버지라 부를 수 있고 부족한 것이 있다면 물질적인 것이든 영적인 것이든 그분 앞에 나아가 축복을 구할 수 있게 되는 것이다. 여기서 나의 글을 읽는 독자들 중에 누구라도 기도하면 이 뮬러가 받는 것과 동일하게 응답받을 수 있을 뿐 아니라 그보다 더 풍성한 응답을 받을 수 있는 것이다.

하나님의 자녀라고 해도 모든 사람이 고아원을 세우는 방식으로 주님을 섬기도록 부름을 받는 것은 아니다. 하지만 하나님의 자녀라면 누구나 하나님을 믿고 각기 다른 위치와 환경 속에서 하나님을 의지하고 그들의 가족이 처한 환경과 직업, 영적으로나 물질적인 면을 포함하여 온갖 종류의 필요와 문제를 놓고 하나님의 말씀과 믿음을 적용하고 기도하도록 부름받는다. 우리도 내외성경연구원의 다양한 목표를 놓고 하나님의 말씀과 믿음을 적용하며 기도해 왔

고아원 식당의 모습

다. 지금까지 한 번도 이러한 신앙자원을 활용해 보지 못했다면 바로 지금 적용해 보라. 그러면 그런 삶이 얼마나 놀라운 삶인지 깨닫게 될 것이다.

진정으로 말하거니와 나는 거의 언제나 시험이 끊이지 않는 이런 삶을 더 좋아한다. 내가 할 수 있는 일이라고는 내 모든 근심을 하늘에 계신 아버지께 옮겨 놓은 것뿐이었지만, 그 결과로 하나님을 보다 잘 알게 되었기 때문이다. 반면에 외적으로 평화롭고 굴곡없는 삶을 시험으로 가득 찬 삶보다 좋아하지 않는 이유는 하나님의 신실하심, 지혜, 사랑, 권능, 모든 것을 다스리시는 섭리와 같은 것들에 대한 끊임없는 증거를 확인할 수 없기 때문이다.

오직 하나님만을 기다림

1854년 9월 6일 클러큰웰(Clerkenwell)에서 50파운드의 후원금이 도착했다. 기부한 사람은 이 가운데 절반을 해외 선교 사역을 위해, 나머지 절반을 가장 필요하다고 생각되는데 써달라고 부탁했다. 나는 이 기부금의 절반을 고아원 사역에 쓰도록 건네주었다. 이 후원금에 관한 일화는 나의 기도일지에 이렇게 쓰여 있다.

> 얼마나 소중한 기도 응답인가! 8월 26일 이후로부터 지금까지 하루도 빠짐없이 우리는 매일 필요한 것을 채워주시도록 간구 드려왔다. 이 기부금이 참으로 소중한 까닭은 내가 도와주려 했던 선교사들에게 선교후원금을 보낼 수 있게 되었기 때문이다. 이들의 수중에는 이 기부금을 보낼 때까지 아무 것도 남아있지 않았던 것이다.

뮬러는 그가 쓴 일화집에서 이 이야기 뒤에 두 가지 사실을 더 밝히고 있다.

 1. 어떤 사람들은 우리가 재정적 어려움을 겪은 적이 많았다고 하니까 고아원 아이들이 그들에게 필요한 것을 받지 못할 때가 많지 않았겠느냐고 생각할 수도 있을 것이다. 그러나 고아원 사역이 시작된 이래로 아이들이 식사 때마다 영양있는 좋은 음식을 충분히 먹지 못한 적은 한 번도 없었으며, 필요한 옷이 없어 어려움을 겪은 적도 한 번도 없었다고 분명히 말씀드릴 수 있다. 왜냐하면 아이들에게 필요한 것이 있을 때는 언제라도 재정을 공급받을 수 있었기 때문이다.

 2. 나는 고아원을 시작하면서 한 번도 다른 사람들에게 이 사역을 위해 후원금이나 도움의 손길을 베풀어 달라고 요청해 본 적이 없다. 사람들에게 도움을 요청한 적이 한 번도 없지만 이미 소개해 온 바와 같이 기도 응답을 통해 전 세계 각처로부터 후원금이 답지했다. 그것도 가장 어려운 때에 도움의 손길을 받은 적이 너무나 많았다.

1859년 조지 뮬러는 이렇게 기록하고 있다.

　매주 수요일 저녁이 되면 동역자들과 함께 합심 기도회로 모여 온갖 다양한 영적 필요와 물질적 필요를 하나님 앞에 기도드려 왔다. 매일 드린 기도의 제목은 무려 50여 가지에 이르렀는데 그 결과로 기도에 응답 받은 것이다. 나는 하나님의 사역에 필요한 도움을 사람에게 요청하지 않는다. 후원자들로부터 10,000파운드를 얻을 수 있을지라도 나는 하나님의 은혜에 힘입어 후원자들에게는 결코 도움을 청하지 않을 것이다. 그 이유는 무엇인가? 나의 전 생애를 기꺼이 바쳐 오늘도 우리의 기도에 응답하시는 하나님이심을 세계와 교회에 분명히 증거하려고 결심했기 때문이다. 이 일은 전에도 계셨고 지금도 계실 뿐 아니라 성경에서 가르치는 살아 계신 하나님을 믿고 끊임없이 기다리는 일이다. 우리가 주 예수 그리스도를 향한 믿음을 통해 하나님과 화목된 사실을 안다면 그분의 뜻에 따라 주의 이름으로 구하면 반드시 그분이 원하시는 때에 채워주시리라 믿은대로 응답해 주실 것을 확신하기 때문이다.

　하나님은 지금까지 한 번도 내게 응답하지 않으신 적이

없다. 지난 40년간의 기도를 통해 내가 해온 일은 하나님의 신실하심을 증명하는 것이었다.

영원한 반석이신 하나님

1861년 11월 9일에 조지 뮬러는 자신이 경험한 기도 응답에 관해 이렇게 소개하고 있다.

11월 9일 토요일 저녁 이번 주 초에 첫 번째 우편을 통해 들어온 후원금은 3파운드 19실링뿐이었다. 후원금을 받은 지 얼마 안있어 성경읽는 시간이 되었다. 이사야서를 읽다가 26장 4절에 나오는 "너희는 여호와를 영원히 의뢰하라 주 여호와는 영원한 반석이심이로다" 라는 말씀을 읽게 되었다. 나는 성경을 앞에 놓고 무릎을 꿇고 이렇게 기도하기 시작했다. '주 여호와 하나님, 영원한 반석이심을 믿습니다. 주님을 의지하오니 영원히 주님을 의지하도록 도와주소서. 오늘이 지나기 전에 더 많은 도움의 손길을 보내주시고 이

번 주에는 지난 주보다 더 많은 재정을 허락해 주옵소서. 요즘은 후원금이 적을 때가 많습니다. 주여 인도해 주옵소서.' 기도를 드린 이 날 그러니까 11월 3일에 서비턴(Surbiton)에서 한 후원자가 10파운드, 클립톤에 사는 후원자가 5파운드, 브리스톨에 사는 후원자가 2파운드를 보내왔다. 주중에 모인 후원금 합계가 모두 457파운드에 이르렀다.

하나님께서는 영원한 반석이심을 다시 한번 우리에게 보여주신 것이다.

사랑하는 믿음의 형제자매 여러분, 의지하는 자에게 기쁨을 주시는 하나님께 구하되 내가 사용한 것과 동일한 방법으로 하나님께 기도해 보기 바란다. 이렇게 기도하는 것이 습관이 되어 있다 하지 않더라도 이런 방식으로 기도하는 것이 복된 기도 방법임을 내가 수없이 확인한 것처럼 여러분도 확인하게 될 것이다. 여러분이 기도드리기에 앞서 해결해야 될 중요한 일이 한 가지 있다. 그것은 우리 영혼의 구원을 위해 주 예수를 믿는 일이다. 주님을 믿는 자는 하나님과 화목하게 되고 죄를 용서받게 되기 때문이다. 이런 상태에서 비로소 기도를 드릴 때 응답을 기대할 수 있게 되는 것이다.

영원토록 동일하신 예수

1861년 5월 26일 내외성경연구원의 일년간의 회계를 마감하여 결산해 보니 온갖 일에 지출된 총경비가 24,700파운드에 이른 것을 알게 되었다. 이는 하루 평균 67파운드 13실링 5.75페니를 사용했다는 것을 의미한다. 내년에는 지출 경비가 놀라울 정도로 늘어날 것으로 보지만 지금까지 오랜 세월 동안 도움의 손길을 베푸신 하나님께서 장래에도 변함없이 도움의 손길을 베풀어주실 것이라고 믿는다.

존경하는 독자 여러분, 신실하신 사랑의 하나님께서 해마다 어떻게 우리를 풍성하게 도와주셨는지 보라! 고아원 사역과 내외성경연구원 사역 규모가 매년 늘어남에 따라 지출경비가 놀랍게 늘어났지만 그때마다 필요한 도움의 손길을 베푸시는데 하나님은 한번도 실패하신 적이 없으셨다. 하지만 여러분 가운데는 '하나님이 여러분의 일을 돕는데 실패하신다면 어떻게 할 겁니까?' 라고 걱정할 사람이 있을지도 모른다. 나의 답변은 이렇다. 우리가 주님을 의지하여 죄 속에 거하지 않는 한 그런 일은 일어날 리가 없다고 분명히 말씀하고 싶다. 하지만 우리가 사람의 손길을 의지함으로써 생수의 근원이신 하나님을 저버리고 물을 담아두지 못하는 터진 물웅덩이를 우리 자신을 위해 만들며 죄를 가까이 한다면, 아무리 주님을 의지한다고 끊임없이 고백하더라도 헛되이 주님을 부르는 일이 될 뿐이다. 시편 66편 18절에 나오는 "내가 내 마음에 죄악을 품으면 주께서 듣지 아니하시리라." 라는 말씀에 따라 우리 기도에 응답하지 않으실 것이다.

지금까지 우리가 하나님만 의지해 올 수 있었던 까닭은 하나님의 은혜가 함께 했기 때문이다. 수많은 길에서 넘어지고 연약한 모습을 보였을지라도 바르게 행할 수 있었던 것도, 죄를 미워하고 거룩함을 추구하며 주 예수와 일치되기를 더 많이 원할 수 있었던 것도 하나님의 은혜가 없었더라면 불가능했을 것이기 때문이다.

1868년 10월 21일 시간이 지남에 따라 우리의 소원을 기도로 하나님께 알리는데 보다 힘쓰지 않으면 안되게 되었다. 최근 몇 년 동안 하루 평균 지출이 100파운드를 넘어선 상태가 계속되고 있기 때문이다. 지출경비가 전과 비교할 수 없을 정도로 늘어났지만 하나님은 우리에게 도움의 손길을 끊으신 적이 한번도 없으셨다. 외부에 드러난 모습으로만 보면 우리는 마치 '광야에서 불이 붙은 떨기'과 같을 것이다. 하지만 우리는 하나님의 은혜로 불타 없어지지 않았다. 뿐만 아니라 하나님을 온전히 신뢰함으로써 해가 지날수록 지출경비가 더욱 더 늘어갈 것이라는 전망에도 두려워하지 않게 되었다. 하나님을 위해 일하려는 나의 사랑하는 제자라면 누구나 진지하게 하나님을 바라보며 그분만을 의지하는 일이 얼마나 영혼을 새롭게 하며 하나님이 관심을 가지는 한 얼마나 온전히 실망을 극복할 수 있는지 알게 될 것이다.

이 세상의 친구들은 우리가 하는 일을 도우려 하다가도 마음을 바꿀 수 있지만 우리가 진정으로 하나님을 위해 일한다면, 비록 모든 사람이 우리 사역에 대해 마음을 바꾼다 해도 하나님은 도움의 손길을 거두지 않으실 것이다. 세상의 친구들은 도우려는 마음이 크다 해도 실제로 도울 능력을 잃어버릴 수도 있지만, 하나님은 언제나 결코 다하시는 법이 없는 부요한 분(Rich One)이시다. 세상의 친구들은 한 순간에 다른 일에 마음을 빼앗겨 우리를 돕고 싶어 했던 만큼이나 다른 어디라도 도우려고 마음을 바꿀 수도 있고, 도울 능력이 넘치더라도 계속 돕기를 포기할 수도 있지만, 하나님은 모든 면에서 구하는 것이 100만배로 늘어난다 해도 필요한 만큼 넉넉히 채울 수 있는 분이실 뿐만 아니라, 주님의 사역을 행하며 주님을 신뢰하는 곳이면 어디에서나 도우시기를 기뻐하시는 분이시다. 세상의 친구들은 죽음에 의해 우리 곁을 떠나 더 이상 우리를 돕지 못할 경우도 있지만, 하나님은 영원히 사시는 분이시므로 죽음에 의해 우리 곁을 떠나지 않으신다.

이 후자의 관점에서 지난 40년간 고아원과 특별한 관계를 지녀 온 나는 살아계신 하나님만 의지하는 태도가 얼마나 복된 것인지 수없이 보아왔다. 물질로 나를 많이 돕다가 죽음에 의해 이 사역에서 손을 뗀 사람들은 한 사람이나 두 사람, 혹은 다섯 사람이나 열 사람, 아니 수없이 많다. 그러면 이들이 죽음으로 인해 고아원의 운영이 정지된 적이 있었는가? 결코 한번도 없었다. 그러면 이것은 어찌된 일인가? 그 이유는 내가 하나님을 그것도 하나님만을 간절히 의지했기 때문이다.

"믿음의 시험에 철저히 대비하라"

1874년 7월 28일에 조지 뮬러는 기도 응답을 통해 시험에 대비하는 법에 관한 자신의 경험을 이렇게 소개한다.

몇달 전부터 고아원 형편이 매우 어렵다. 마치 고아원 규모가 지금보다 20분의 1에 지나지 않았던 1838년 8월부터 1849년 4월까지의 10여년간의 고아원 모습으로 되돌아 간 것 같았다. 그때 우리는 매일의 대부분을 일용할 양식을 주시도록 구하는데 사용했었다. 요즘 몇 달 동안도 하루 중 많은 시간을 일용할 양식을 주시도록 간구하는데 사용하고 있다. 고아원 규모가 그때보다 20배나 더 커졌고 필요한 물품도 도매로 구입해야 되는 형편이니 어려움이 큰 것은 당연한 일이었다.

하지만 하나님이 이 모든 형편을 알고 계신다는 사실을 생각하니 위로가 되었다. 예전처럼 우리를 인도하시는 것이 하나님의 이름을 위해 영광이 되고 주님의 교회와 주님을 믿지 않는 세상을 위해 유익이 된다면 인생 여정이 끝나는 날까지 기꺼이 이런 삶을 살아야겠다. 고아원 운영기금은 너무도 신속히 바닥이 나지만 결코 다함이 없는 우리의 보고(寶庫)이신 하나님이 우리와 함께 계신다는 사실이 우리에게 평강을 가져다주었다. 게다가 연간 44,000파운드가 필요한 사역을 1838년 8월부터 1849년 4월까지 지내 온 방식으로 운영하도록 하나님이 허락하신다면 물질을 통한 이 믿음의 시험을 기꺼이 다시 한번 통과하리라고 결심했다. 그와 같이 해야 하나님께 영광을 돌릴 수 있을 뿐 아니라 세상에 유익을 줄 수 있다면 기꺼이 이 시험을 통과하리라고 다시 한번 다짐한 것이다. 최근 겪는 어려운 형편이 자꾸만 내 마음에 떠올랐다. 그리고 내가 이런 상태에 있다고 가정해 보았다. 고아원의 재정이 완전히 바닥이 났다. 2,100명의 식구들이 매일 세끼 식사 뿐 아니라 그 밖의 생활에 필요한 물품을 공급해야 하는데 재정이 전혀 남지 않은 것이다. 도와주어야 할 189명의 해외선교사가 있는데도 도와줄 재정이 남아있질 않은 것이다. 100개 가량의 학교에 9,000명 가량의 학생들을 전적으로 지원하고 있는데 수중에 지원할 예산이 하나도 없는 것이다. 400만권 가량의 신앙에 도움이 되는 소책자와 10만권의 성경을 매년 필요한 곳에 보내어야 하는데 모든 돈이 뚝 떨어진 것이다. 하지만 나는 변함없이 내 자신에게 이렇게 위로했다. '나를 통해 이 사역을 시작하시고 지금까지 거의 매년 그 규모를 늘리게 하신 하나님, 지금까지 이 사역을 40년 이상이나 인도해오신 하나님께서 내가 파산되어 고통 받지 않게 도와주실거야. 왜냐하면 내가 하나님을 굳게 의지하고 이 사역 전체를 하나님의 손에 맡기므로 지금 우리에게 필요한 것을 주실 뿐 아니라 어디에서 도움의 손길이 이를지 알지 못하지만 장래에도 필요한 것을 공급해 주실거야.'

그래서 나는 1874년 7월 28일자 기도 일기에 그 기도의 결과에 관해 기록했다. 독자 여러분은 우리가 이렇게 어려운 환경 가운데 어떻게 살았는지 알고 싶어 할 것이다.

어젯밤(7월 27일)에 집에 돌아 왔을 때 여러 통의 편지가 도착한 것을 알게 되었다. 그 안에는 모두 193파운드의 후원금이 들어있었는데 그 속에 한 통은 우리의 도움을 받아 해외에서 선교하고 있는 한 선교사가 보낸 편지였다. 그의 친척이 세상을 떠나면서 남긴 유산으로 그가 상속받은 유산 전체인 153파운드 4페니를 해외선교를 위한 후원금으로 보낸 것이었다. 오늘 아침, 그러니까 7월 28에는 24파운드의 후원금이 도착했다. 오후에 여러 동역자들을 만나서 물질과 그 밖의 필요한 것들, 예컨대 고아원의 다양한 사역들에 영적 축복이 넘치도록 구하고 유난히 건조한 올해 우리나라에 더 많은 비를 내려주시고 동료 사역자들의 건강을 지켜 주시도록 기도했다. 어제 오후부터 지금까지 들어온 후원금이 모두 217파운드에 이르렀다. 받은 후원금에 대해 하나님께 감사드리는 한편, 더 많은 도움의 손길을 인도해 주시도록 간구 드렸다.

기도회를 끝냈을 때 스코틀랜드에서 온 편지 한 통을 내게 건네어 졌다. 그 안에는 73파운드 17실링 10페니와 종이에 따로 쌓인 13실링의 후원금이 들어 있었다. 이것은 더 많은 물질을 보내주시도록 긴급히 드린 기도에 대한 응답으로 보내어진 후원금이었다.

8월 12일 8월 5일부터 오늘까지 들어 온 후원금은 모두 897파운드 15실링 6.5페니이다.

9월 16일 한 후원자가 세상을 떠나면서 고아원을 위해 사용하도록 남긴 유산이 그의 유언에 따라 집행되지 않고 있었다. 고인이 남긴 유산을 고아원에 보내주시도록 하나님께 기도 드리고 나서 1,800파운드의 유산을 고인의 뜻에 따라 고아원에 보내주도록 고인에게서 받은 유산 수령증을 발송했다.

9월 23일 오늘의 후원금 총계는 5,365파운드 13실링 6페니이다. 이 가운데 5,327파운드 7실링 6페니가 한 후원자에 의해 드려졌다. 주님을 찬양하라!

굳센 믿음으로 하나님께 영광을

1887년 3월 27일에 뮬러는 학교 운영, 성경 반포, 선교사 후원, 신앙소책자 반포사업에 쓸 기금이 바닥난 사실을 알았다. 지난달에 기금의 목적대로 1,400파운드 가까운 돈을 지출했기 때문이었다. 이 문제를 어떻게 기도로 극복했는지 뮬러의 간증을 들어보도록 하자.

사랑하는 믿음의 형제자매 여러분, 기금을 본래 목적대로 다 써 버리고 난 이런 상황에서 다음으로 무엇을 해야 했겠는가? 나는 이렇게 답하고 싶다. 지난 47년 동안 우리가 해 온 것을 해야 할 때이다. 그러니까 계속해서 하나님을 바라보며 기다려야 했다는 말이다. 브리스톨에 있는 나의 동역자들과 미국에 가 있던 나와 내 아내가 부족한 기금을 채워 주의 사역을 이어 나갈 수 있도록 반복해서 주님 앞에 나가 간구드렸다.

미국에 있는 동안 나는 날마다 드리던 도움을 구하는 기도 외에 하루에 4번에서 6번까지 도움의 손길을 보내실 것을 확신하며, 우리 마음을 주님 앞에 쏟아 놓고 우리의 필요를 아뢰는 특별 기도를 드렸다. 주님을 기다린 우리의 수고는 역시 헛되지 않았다. 아마 이런 계획을 경멸하는 사람도 있을 것이고, 우스꽝스럽게 여기는 사람도 있을 것이고, 충분하지 않다고 보는 사람도 있을 것이다. 시험이 끊이지 않고 어려움이 계속되는 가운데 우리는 기도와 믿음만이 우리의 모든 시험과 환난을 치료하는 만병통치약인 것을 깨달았다. 50년 간 믿음과 기도의 효과를 체험하고 나서 우리는 하나님의 도우심에 힘입어 하나님을 두려워하지 않는 세계와, 기도의 응답을 믿지 못하는 교회에, 살아계신 하나님이 지금도 자녀의 간구를 마음의 기쁨으로 삼으시고 그 기도에 응답하실 수 있을 뿐 아니라 기꺼이 기도에 응답하심을 보여주기 위해 하나님을 바라는 일을 계속하기로 결심했다.

시편 9편 10절은 "주의 이름을 아는 자는 주를 의지" 한다고 말씀하고 있다. 이 말씀은 주 여호와 하나님에 관한 거룩한 약속이다. 하나님의 은혜 없이는 우리가 그분을 알 수가 없다. 그러므로 하나님을 신뢰해야 한다.

4월 27일 3월 27일에 앞서 밝힌 대로 학교, 성경, 선교사, 신앙소책자 보급경비를 지출하고 나니 가진 돈이 완전히 떨어졌다. 하지만 기도의 응답으로 한 달 동안 필요한 모든 것을 공급받았을 뿐 아니라 바닥난 재정도 1,000파운드 가까이 채워졌으며 현재는 23파운드 8실링 6.25페니가 남았다.

4월 29일 그리스도의 사랑에 감동을 받은 주 예수의 종 한 사람이 하늘에 보물을 쌓으려는 믿음으로 532파운드 14실링 5페니의 유산을 기부했다. 그 가운데 학교, 성경, 선교사, 신앙소책자 보급의 기금으로 500파운드를 기부했다.

1881년 7월 28일 얼마 전부터 오늘까지 후원금 사업이 지출 경비의 3분의 1 밖에 들어오지 않고 있다. 그 결과로 아이들을 돌보기 위해 가지고 있는 재정이 거의 바닥 나서 앞에 소개한 네 가지 사업을 위해 쓸 재정이 하나도 남지 않게 되었다. 지금의 형편으로 보아서는 그 사역을 더 이상 전개할 수 없을 것만 같다. 하지만 나는 고아원 재정뿐 아니라 내외성경연구원의 네 가지 사업을 위한 재정도 채워주셔서 우리로 하여금 파산하거나 사역을 중단하는 일이 없도록 인도하실 하나님의 도우심을 믿는다. 나는 하나님이 온전한 도움을 베푸실 것을 믿으며 하나님의 영광을 위해서 그리고 하나님의 자녀들을 격려하기 위해 이 일기를 기록했다.

이 믿음의 결과는 곧 알게 될 것이다.

앞에 소개한 일기는 1881년 7월 28일 오전 7시에 쓴 것이다. 벌써 경비로 쓰고도 남을 만한 후원금을 받았으므로 비록 7년만에 처음으로 겪어보는 어려움이었지만 사역을 중단하는 일은 없을 것이라고 기대한다.

앞서 소개한 믿음의 결과는 실제로 나타났다. 그 믿음이 실현된 과정을 이제부터 살펴보기로 하자.

조지 뮬러가 믿음의 확증을 기록한 것 그러니까 하나님의 도우심을 확신한 일기를 남긴 것도 20년이 넘었다. 하나님은 그 사역을 지금까지 도와 주셔서 1902년 5월에는 잔액이 수천파운드에 이르게 되었다. 이것은 뮬러가 1881년 7월 28일자 일기에 믿음의 확증을 남긴 이후로 500만 파운드 이상의 후원금을 받아쓰고 남은 돈이다.

이 20년 동안 뮬러의 믿음과 인내가 큰 시험을 받은 경우는 한두 번이 아니었다.

8월 15일 고아원 재정 잔액이 332파운드 12실링 7페니로 줄어들었다. 이 액수는 지난 25년 만에 처음으로 보는 낮은 금액이었다. 이 돈은 2,100명 식구를 위해 날마다 지출해야 할 경비로 쓸 돈이다. 이 돈으로는 보통 4일하고도 반나절밖에 사용할 수가 없다. 하지만 우리의 눈은 주님께로 향하고 있다. 나는 하늘에 계신 우리의 공급자를 앙망하고 있다. 오늘 들어 온 후원금의 합계는 28파운드 5실링 2.5페니였다.

8월 22일 오래 전에 남겨진 유산의 일부가 집행되어 1,000파운드의 후원금이 들어왔다. 많은 기도의 응답이 아닐 수 없다.

8월 26일 오늘의 고아원 재정 잔액은 97파운드 10실링 7.5페니이다. 하루 평균 지출액보다 24파운드가 더 많은 금액이다.

1882년 3월 2일 고아원 사역을 위해 우리는 날마다 기도드렸다. '오늘 우리에게 일용할 양식을 주옵소서.' 우리는 매일 상당한 시간을 내어 주님께 기도드렸다. 날마다 우리에게 부족한 것을 채워주시도록 간구했다. 하지만 하나님은 훨씬 더 많은 것으로 우리에게 공급해 주셨다.

4월 20일 가장 큰 도움이 필요할 때 우리는 에딘버러(Edinburgh)에서 보내온 편지를 한 통 받았는데 그 안에는 100파운드 후원금이 들어있었다. 그 속에는 쪽지도 함께 들어있었는데 그 내용은 다음과 같다. '동봉한 돈은 내가 세상을 떠난 다음에 유산으로 보낼 생각이었으나 마음이 바뀌어 내가 살아있는 동안에 이 후원금을 보냅니다.'

6월 3일 워탄 언더 앳지(Wottan-Under-edge)에서 500파운드의 후원금이 도착했다. 이 후원금은 하나님께 영광을 돌리는 기부이자 앞으로도 우리에게 필요한 것을 채우시리라는 하나님의 성실하심을 보여주는 소중한 증거였다.

10월 21일 워탄 언더 앳지에 사는 한 후원자가 1,000파운드의 후원금을 보냈다. 우리의 기도에 대한 응답으로 하나님은 사랑하는 자녀들에게 말씀하시며 우리에게 전보다 더 많은 도움의 손길을 베풀고 싶어하셨다. 이런 주님의 마음을 보여주는 또 하나의 증거가 있었다. 지난 해 고아원 재정이 다른 해보다 적었을 때도 하나님의 진노나 더 이상 우리를 돕지 않겠다고 알려주시는 징조가 아니라 우리의 믿음과 인내를 시험해 보시려는 하나님의 손길이었던 것이다. 이때도 나는 하나님의 더 큰 도움의 손길을 기대하면서 결코 좌절하지 않았다.

1883년 8월 17일 고아원 재정 잔액이 오후에 10파운드 2실링 7페니로 줄었다. 2,100명가량 되는 식구들에게 필요한 것을 날마다 공급해야 하는데 수중에 있는 돈이 10파운드 2실링 7페니뿐인 것이다. 여러분은 이 정도의 잔액이 46년 전의 고아원 재정과 같은 액수에 해당한다는 것을 알아챘을 것이다. 하지만 하나님은 천국 은행장이시므로 우리는 하나님을 믿고 믿음으로 돈을 인출할 수 있다. 오늘은 토요일이다. 저녁에 30파운드의 후원금이 도착했다. 월요일에 129파운드의 후원금이 더 도착했지만 60파운드는 지출해야 했다. 화요일에 295파운드의 후원금을 받았고, 180파운드를 지출해야 한다.

하나님은 우리가 후원자나 환경을 의지하려는 유혹에 빠지지 않고 하나님만 의지하여 눈을 그분에게만 고정하도록 우리를 다루시는 방식을 끊임없이 바꾸시기를 좋아하신다. 하나님의 은혜가 우리와 함께 하지 않으면 하나님만 바라볼 수도 없고 마음의 평강도 유지할 수가 없는 것이다.

10개월쯤 후에 고아원 재정이 41파운드 10실링 밖에 남지 않았다. 이 금액은 고아원의 하루 평균 지출비용의 절반 정도에 지나지 않았다. 더군다나 비용만 2,000파운드 이상이 소용되는 위생시설을 도입해야할 형편이었다. 이때 조지 뮬러는 한 후원자로부터 11,034파운드 6실링의 유산을 후원금으로 받았다. 이 유산과 연관된 일화를 뮬러는 이렇게 소개하고 있다.

1884년 7월 7일 이 금액은 고아원이 받아 본 후원금 가운데 한 번에 받은 것으로는 가장 많은 액수의 후원금이었다. 이때까지 이 유산은 6년간 대법관청에 계류되어 있었다. 해마다 대법관청의 판결이 나서 후원금으로 기부되길 원했지만 지금까지 6년이나 판결이 나지 않고 있었다. 하지만 우리는 이 유산에 대한 판결이 속히 이루어지도록 하루도 빠짐없이 기도해 왔다. 늘 우리에게 가장 유익이 되고 하나님이 원하시는 때에 마침내 해결해 주실 것이라고 확신하며 기도해 왔다. 대법관청에 소송중인 유산은 이것 외에도 많았으나 하나님께 기도하여 모두 해결되었다. 이 유산도 우리의 믿음과 인내를 충분히 시험하신 후에 다른 것과 마찬가지로 허락하신 것이다.

1892년

내외성경연구원 54차 보고서에서 조지 뮬러는 이렇게 말하고 있다.

지난번 보고서를 읽으신 분들은 얼마나 특별한 시험 가운데 1892년 5월 26일부터 1893년 5월 26일까지 계속되는 회계연도를 시작했는지 지금도 기억하실 줄 압니다. 하지만 우리는 하나님을 의지했습니다. 흔들리지 않는 믿음으로 하나님을 바라보면서 어떤 방법을 통해서든지 하나님께서 우리를 반드시 도우실 것이라고 확신했습니다. 시간이 지나는 동안에도 내 마음은 전과 다름없이 평안했습니다.

이 모든 일은 하나님이 허락하신 것이므로 1892년 5월 26일부터 1893년 5월 26일까지 1년 동안 하나님이 수많은 사람들을 예비해 놓으신 축복과 우리를 선대하심의 결과를 보고서를 통해 읽게 될 것이라고 확신했습니다. 라이트(Wright)형제와 나는 이 시험기간을 지나는 동안 하나님께서 우리 동역자들에게 어떤 축복을 주실 것인지 벌써 알고 있었습니다.

1892년 8월 30일 저녁에 시편 말씀을 읽어나가는 동안에 81편 10절 말씀에 이르게 되었다. "… 네 입을 넓게 열라 내가 채우리라" 문득 이 말씀을 통해 내 마음에 성령이 역사하셨던 때의 일이 생각났다. 1835년 12월 5일에 이 구절을 읽는 동안에 성령의 역사로 깨달은 은혜로 인해 세계 최대의 고아원을 세우게 되었을 뿐 아니라 전 세계의 불신자와 수많은 신자들에게까지 축복을 전하게 하지 않으셨던가! 나는 성경을 옆으로 밀어놓고 무릎을 꿇은 다음 하나님께 간절히 기도드렸다. '지금까지 베풀어주신 하나님의 선하심에 감사드리오니 다시금 저에게 풍성한 물질을 허락해 주옵소서.' 기도를 드린 지 채 30분도 안되어 나는 브리스톨에 있는 한 후원단체로부터 50파운드의 후원금을 받았고, 레드

랜드(Redland)의 후원자로부터는 수많은 물고기를 받았다. 이 기도를 드리기 전에 받은 후원금 97파운드까지 합하면 많은 후원금을 이 기도의 응답으로 받은 셈이다.

11월 11일 오늘 첫 번째, 두 번째 우편을 통해서 들어온 후원금은 8파운드가 조금 안되는 액수뿐이었지만 주님께서는 이날 모두 200파운드가 넘는 후원금을 보내주셨다. 후원금이 적게 들어왔지만 나는 결코 실망하지 않고 내 자신과 사랑하는 동역자들에게 이렇게 말했다. '보다 많이 기도하고 보다 많이 인내하고 보다 많이 믿음을 사용하면 보다 더 많은 축복을 받게 될 것이다.' 이것은 1830년 10월, 그러니까 지금으로부터 63년 전에 하나님을 전적으로 의지하는 삶을 드리기 시작할 때부터 변함없이 확인해 온 응답받는 기도의 원칙이다."

1893년 3월 1일 오늘 마감해 보니 이번 주 동안에 들어온 후원금의 합계는 고아원 후원금이 92파운드 8실링 8.75페니이고, 내외성경연구원을 위해서는 9파운드 11실링 2페니이다. 이것은 우리가 매주 지출하는 경비의 6분의 1 밖에 안되는 금액이지만 믿음의 시련이 거의 끝나가고 있음을 알 수 있었다.

3월 4일 바로 오늘부터 하나님께서 우리 기도에 응답하기 시작하신 결과로 우리가 팔아야할 땅을 후한 가격에 사겠다는 제안을 받았다. 1에이커당 1,000파운드에 사고 싶다니 이 얼마나 좋은 가격인가! 오늘 아침에는 모든 일이 어느 때보다 더 암담하게 보였지만 우리는 실망하지 않고 도움의 손길을 보내주시도록 하나님만 의지했다. 처음에 도착한 세 통의 편지에 보내어진 후원금은 4파운드뿐이었고, 그 다음에 도착한 세 통의 편지를 통해서 4파운드의 후원금이 들어와 이 날의 후원금은 모두 8파운드였다.

우리의 하루 지출비를 충당하려면 90파운드가 필요한데 너무나 부족한 금액이다. 하지만 하나님은 바로 이 때 우리를 도와주셨다. 오늘 저녁에 에이커당 1,000파운드의 가격에 10.4에이커의 땅을 팔게 되어 있어 거래가 제대로 이루어지면 땅을 판 값으로 10,405파운드를 받게 될 것이기 때문이었다. 이 거래가 잘 이루어져 저녁 8시에 토지 매매계약서에 서명했다.

주님 품에 안기다

1898년 3월 9일 수요일 저녁에 조지 뮬러는 여느 때와 다름없이 제 3 고아원에서 열리는 저녁기도회에 참석한 후 취침시간이 되어 잠을 잔 후, 그 다음날(3월 10일) 이른 새벽에 '육신을 떠나 그리스도와 함께 머무는 것이 훨씬 더 낫다'고 오래 기대해 온 대로 그의 침대에서 홀로 마지막 숨을 거두었다.

3월 14일 이 날 조지 뮬러의 시신은 첫째 부인과 둘째 부인이 함께 잠들어 있는 아르노 베일 묘지(Arno Vale Cemetery)에 묻혔다. 이 날 장례식 분위기는 처음부터 끝까지 '나를 영화롭게 하는 자를 내가 영화롭게 하리라'는 하나님의 영원한 원칙을 보여주듯이 매우 놀랍고도 흥미로웠다. 살아있는 동안에 자신의 영광을 추구하지 않은 사람이었던 뮬러는 사후에 모든 계층의 사람들의 존경과 경의를 한 몸에 받는 인물이 되었다.

브리스톨시는 거리거리마다 조의를 표하기 위해 모인 군

중들로 발 디딜 틈이 없었다. 그들 가운데 많은 사람들의 눈에 눈물이 맺혀있었다. 영구차를 따르는 고아들이 지날 때면 거리에 늘어선 사람들 가운데서 극빈자 계층의 사람들의 입에서 기도가 터져 나왔다. 브리스톨시의 주간선 도로의 교통은 모두 마비된 지 오래였다. 사람들은 소리가 적게 나도록 종이를 감싼 조종을 울렸으며 건물마다 집집마다 반기가 걸려있었다. 묘지에는 운구 행렬이 도착하기를 기다리는 수많은 군중들로 운집해 있었다. 마치 브리스톨시 전체가 자신을 위해 살지 않고 하나님의 영광과 다른 사람들의 유익을 위해 산 사람 조지 뮬러에게 동시에 경의를 표하기로 결심한 것 같았다.

뮬러가 세상을 떠나기 전 약 21개월 동안 고아원은 믿음과 인내에 관해 큰 시험을 겪었다. 뮬러의 계승자가 되어 고아원을 이끌게 된 그의 사위 제임스 라이트(James Wright)는 이때 일에 관해 이렇게 기록하고 있다.

> 하나님의 종들에게 '풍부에 처하는 법'을 가르치기를 기뻐하시는 하나님은 때로 '비천에 처하는 법'을 가르치는 것이 우리에게 가장 유익함을 알고 계신다. 우리가 고아원 사역

을 감당해 온 지난 64년간의 대부분은 모자라는 것이 없었고 넘치도록 풍성한 기간이었지만 최근에 들어와 특히 2, 3년간은 반대로 큰 어려움을 겪고 있다. 이 어려운 시기 동안에는 욕구를 절제하는 것이 규칙이 되어서 재정 잔액 뿐 아니라 우리의 필요까지 최대한 절제하지 않으면 안되었다. 하지만 우리가 버림을 당한 경우는 한 번도 없었다.

1897년 9월 23일 고(故) G. J. 님의 유산 가운데 남은 금액을 후원금으로 받았다. 가장 필요할 때에 이 후원금이 보내진 것이다. 주님께서는 믿음과 인내의 시험을 연장시키시더라도 그분이 기뻐할 수 있을 때 도움의 손길을 베푸시는 것이다. 하지만 사랑하는 독자들이여, 보라! 하나님은 우리를 실망시키시거나 버리지 않으셨다. 하나님은 진정으로 그분을 신뢰하는 자녀들에게 도움의 손길을 베푸시는 분이시기 때문이다. 이런 구원의 기쁨은 먼저 시험을 받지 않고는 맛볼 수 없는 것이다.

1898년 2월 26일

이 날 이후의 기록은 조지 뮬러의 친필로 쓰여진 것이다.

오늘 아침에 두 통의 편지를 통해 모두 7파운드 15실링 11페니의 후원금을 받았다. 믿음과 인내에 대해 큰 시험이 끊이질 않고 무려 21개월이나 계속되었지만 하나님의 은혜로 지금까지 견뎌올 수 있었음을 진심으로 고백하지 않을 수 없었다.

1898년 3월 1일

이 날의 기록은 조지 뮬러의 친필로 쓴 메모에 근거한 것이다.

거의 1년 9개월 동안 잠시도 중단되지 않고 믿음과 인내에 대한 시험이 계속되었다. 하지만 오늘 주님께서 우리의 마음을 새롭게 하심으로써 위로해 주셨다. 주님의 도우심으로 오후가 되자 1,427파운드 1실링 7페니가 후원금으로 도착했다. 이 돈은 3년 10개월 동안 아일랜드 대법관청에 계류되어 왔던 고(故) E.C.S. 부인이 남긴 유산의 일부가 기부된 것이었다. 이 유산이 후원금으로 드려질 수 있도록 수많은 간구를 드린 끝에 마침내 전체 유산의 일부를 후원금으로 받게 된 것이다.

이처럼 사랑의 하나님은 주님의 종을 그분의 품으로 부

르시기 불과 9일 전에 이들의 마음을 크게 위로하셨다.

05
응답받는 기도의 다섯 가지 조건

1. 주 예수 그리스도만이 축복을 구하는 모든 간구의 유일한 근거이심을 묵상하면서 주님의 십자가의 공로만 의지하며 기도하라(요 14:13, 14, 15:16).

2. 알고 있는 모든 죄를 고백한 후 죄를 멀리하라. 우리 마음에 죄악을 품으면 주께서 듣지 아니하시기 때문이다(시 66:18).

3. 하나님의 약속의 말씀을 하나님의 맹세에 의해 확증된 것으로 믿으라. 하나님을 믿지 않는 것은 그분을 거짓말쟁이와 맹세를 깨뜨리는 분으로 만드는 행위이다(히 11:6, 6:13-20).

4. 하나님의 뜻에 일치되게 기도하라. 기도의 동기는 경건해야 하며 정욕으로 쓰려고 하나님의 선물을 구해서는 안된다(요일 5:14, 약 4:3).

5. 끈기있게 간구하라. 농사꾼이 오래 인내하며 추수를 기다리듯이 하나님을 바라며 기다리라(약 5:7, 눅 18:1-8).

06
성경 읽는 방법 : 정독과 통독

이 주제에 대해 뮬러는 이렇게 설명하고 있다.

신앙서적과 비교할 수 없는 성경

나는 수많은 초신자들이 빠지기 쉬운 함정에 빠졌던 적이 있는데 그것은 성경보다는 신앙서적 읽기를 더 즐겨하는 것이었다. 주님을 영접하기 전에 즐기던 것처럼 육적 마음에 양식을 공급하기 위해 프랑스 소설과 독일 소설을 더 이상 읽지는 않았지만, 여전히 모든 책 가운데서 가장 뛰어난 성경을 읽지 않고 있었다. 대신에 신앙소책자, 선교신문, 설교집, 신앙위인전기들을 즐겨 읽었는데, 이런 유형의 책들은 어떤 책보다 유익함을 가져다주었다. 이런 종류의 책들을 잘 선정해서 읽고, 이런 종류의 글들만 읽기를 고집하지 않고 그 결과로 무엇보다도 성경을 사랑하도록 이끌어 주었다면 실로 내게 많은 유익이 있었을 것이다. 하지만 이때까지도 나는 신앙서적은 읽으면서도 성경 읽는 습관을 가져보지 못했다. 15살이 되기 전에 이따금 성경 일부를 읽을 때가 있었지만, 이후로는 하나님의 소중한 말씀인 성경책을 완전히 멀리한 까닭에 내 마음 안에서 하나님의 은혜가 역사하기까지는 내 기억에 의하면 성경을 한 장도 읽어본 적이 없었다. 이때 성경을 많이 읽었더라면 성경적 추론방법을 익힐 수 있었을 텐데 말이다. 하나님께서 친히 저자가 되어 우리를 참된 행복으로 이끄실 진리를 요약해 놓으셨는데도 나는 이 소중한 책에 대해 아무 것도 알지 못했다. 성령께서 하나님의 종들을 감동시키셔서 성경을 기록하신 것도, 성경에는 내가 꼭 알아야할 지식들만 포함하고 있는 것도 전혀 알지 못했던 것이다.

성경의 소중함을 깨달은 후부터는 이 가장 귀한 책, 모든 책 중의 책을 가장 진지한 마음으로, 많이 묵상하고 기도하면서 끊임없이 읽어야겠다고 결심했다. 이 생명이 다하는 그날까지 성경읽기를 포기하지 말아야겠다고 마음먹은 것이다. 왜냐하면 성경을 제대로 읽은 적이 없어 내용에 대해 거의 아는 것이 없다는 사실을 알았기 때문이다. 하지만 결심한 대로 성경을 열심히 읽고 공부하기는커녕, 하나님의 말씀에 대해 아는 것이 없고 성경을 이해하기가 쉽지 않다는 점으로 인해, 성경 읽는 재미를 느끼지 못하다가 마침내 성경 읽는 일을 소홀히 하기에 이르렀다.(기도를 많이 하면서 말씀을 읽으면 말씀에 대한 지식이 늘어나는 것은 물론이고 성경을 읽는 기쁨이 증가된다.) 그 결과로 수많은 신자들이 그러하듯이 주님을 영접한 후 처음 4년간을 살아계신 하나님의 말씀에 영향을 받지 못한 세속 작가들의 작품을 읽으며 허비하고 말았다. 이로 인해 거듭난 지 4년이 지났건만 나는 여전히 지식과 은혜 면에서 갓 태어난 아기와 다름없었다.

모든 참된 지식을 얻으려면 성령의 도우심을 받아 말씀을 읽어야 한다는 것을 알고는 있었지만 실제로 말씀을 읽는데 소홀했으므로, 거의 4년 동안이나 기독교 신앙의 기초가 되는 진리조차 분명히 알지 못하고 있었다. 가장 안타까운 사실은 이런 말씀에 대한 지식의 부족으로 거듭난 지 4년이 지났지만 하나님의 일을 꾸준히 행하는 데까지 이르지 못하고 있었다. 그 이유는 우리를 육신의 정욕, 안목의 정욕, 이 생의 자랑으로부터 해방시키는 것은 진리밖에 없기 때문이다(요 8:31, 32). 하나님의 말씀이 이 사실을 증명한다. 성도들과 내 자신의 체험을 보아도 그 사실은 너무나도 확실하다. 1829년 8월에 주님께서 나로 하여금 성경의 능력을 깨닫도록 인도하신 다음부터 나의 삶과 행위가 눈에 띄게 달라지기 시작했다. 이때부터 나는 비록, 할 수 있고 또한 해야 하는 일에 미치지 못할 때도 많았지만 하나님의 은혜로 전보다 더 하나님을 가까이 하며 살 수 있게 되었다.

성경보다 세속적인 책들을 더 좋아하고 하나님의 말씀보다 사람이 쓴 글을 보다 기뻐하는 신자가 이 글을 읽는다면, 거듭난 이후에 4년을 허비한 나의 어리석은 경험이 경고가 될 것이다. 이 책을 통해서 하나님의 백성들이 더 이상 성경 읽기를 소홀히 여기지 않고 사람의 글보다 성경을 더 사랑하게 된다면, 나는 이 책이 주님을 기쁘시게 하며 선을 행하는 도구로 쓰임받았다고 여길 것이다. 나는 성경 이외의 책의 수효가 늘어나는 것을 싫어하므로, 이 책을 쓰지 말아야 했겠지만 이 책을 쓰는 것이 내가 저지른 실수나 과오를 통해 믿음의 형제자매들에게 크게 유익할 뿐 아니라, 내 기도에 대한 응답으로 내가 겪은 경험을 통해 사람들이 성경을 보다 더 소중히 여기고, 그들의 모든 행위를 절제할 수 있게 만드는데 도움이 될 수 있다는 소망을 가지고 이 책을 쓸 용기를 낸 것이다.

어떻게 하면 성경을 가장 유익하게 읽을 수 있느냐고 묻거든 이렇게 성경을 읽으라고 조언해 줄 것이다.

● 무엇보다 먼저 명심해야 할 것은 하나님만이 성령의 도우심을 통해 우리를 가르치실 수 있으므로, 성경을 읽기 전에나 읽는 동안에 하나님의 도우심을 구하는 것은 하나님의 축복을 구하는 것이 된다.

● 또 한 가지 명심해야 할 점은 성령은 가장 탁월하고 역량있는 교사이시지만 우리가 원하는 것을 언제나 즉시 가르쳐주시지는 않는다. 그러므로 어떤 구절의 뜻을 일러주시도록 하나님께 계속해서 간청해야 할 때도 있다. 하지만 하나님의 영광을 위해 기도하면서 끈기있게 진정으로 말씀의 뜻을 깨달으려 한다면 반드시 하나님께서 우리에게 확실히 가르쳐 주실 것이다.

● 하나님의 말씀을 이해하는데 가장 중요한 점은 구약과 신약에서 좋아하는 부분만 골라서 읽지 말고 성경을 매일 읽되 지난번에 읽었던 곳에서부터 순서대로 읽는 것이다.

이처럼 성경 전체를 읽는 통독이 중요한 까닭은?

첫째, 지난번에 읽은 부분과 새로 읽는 부분의 연결 관계를 밝혀주기 때문이다.

이와 달리 습관적으로 특정한 장들만을 선택하여 읽는다면 성경의 많은 부분을 이해할 수 없게 될 것이다.

둘째, 우리가 사는 동안 영적인 일에도 변화가 필요한데, 주님께서는 다양하게 이런 변화를 베풀어주시며, 이것은 성경말씀을 통해 밝혀져야 하기 때문이다.

셋째, 하나님께 영광을 돌리게 되기 때문이다. 왜냐하면 어떤 장들은 빼고 읽는다면 어떤 부분이 다른 부분보다 낫다든지 계시된 진리의 어떤 부분이 유익하지 않거나 불필요하다고 말하는 셈이 되기 때문이다.

넷째, 하나님의 은혜로 우리를 잘못된 견해로부터 지켜주기 때문이다. 정기적으로 성경 전체를 읽는 동안 성경 전체의 의미를 살핌으로써 우리가 좋아하는 견해만 지나치게 강조하지 않도록 도와주기 때문이다.

다섯째, 성경은 계시된 하나님의 뜻 전체를 포함하고 있으므로 때때로 이 계시된 뜻 전체를 처음부터 끝까지 읽으려 해야 한다. 내가 염려하는 바는 스스로 성경 전체를 한 번도 통독해 보지 않은 사람들이 무수하다는 사실이다. 매일 몇 장씩만 읽으면 몇 개월이면 성경을 한번 통독할 수 있는데 말이다.

● 또한 읽은 내용을 묵상하는 것은 가장 중요하므로 시간이 허락된다면 그 날을 넘기지 않고 우리가 읽은 말씀 가운데 일부분이나 읽은 부분 전체를 묵상할 수 있을 것이다. 성경의 어떤 책이나 서신서, 복음서의 어느 부분을 놓고 정기적으로 묵상하면 이 계획에 의해 자신을 속박시키지 않고도 날마다 하나님 말씀을 숙고할 수 있을 것이다.

주석책에서 배운 것들은 하나님의 말씀과 함께 수많은 개념 형태로 머리속에 남아있는 경우가 많지만 기도와 묵상을 통해 성령에게 배울 때는 마음이 감동된다. 전자에 언급한 개념적 지식들은 의기양양하다가도 최신 주석서가 다른 견해를 제시하면 고개를 숙일 뿐 아니라 실천에 옮기려 할 때는 아무짝에도 쓸모없는 경우가 많다.

성령님께 배운 지식은 일반적으로 겸손한 모습을 지니게 하며 우리에게 기쁨을 제공해 준다. 뿐만 아니라 하나님께 보다 가까워지도록 인도하며 결코 사람의 설득에는 무너지지 않는다. 하나님으로부터 얻어 우리 마음에 지니게 된 지식은 우리의 것이 되어 실제 생활에 적용할 수 있게 되는 것이다.

07
하나님이 기뻐하시는 뜻을 분별하는 법

조지 뮬러가 고아원 사역을 확장해서 1,000명의 고아들을 받아들이려고 마음에 계획하고 있을 때 이것이 주님이 기뻐하시는 뜻인지 확인하기 위해 사용한 방법을 살피는 것은 매우 교훈적일 뿐 아니라 실제 생활에 적용할 때 우리에게 큰 유익이 될 것이다.

기다리기

1850년 12월 11일 그러므로 나의 특별기도제목은 '하나님의 뜻을 제게 일러 주옵소서'였다. 마음속으로는 이 특별한 계획에 관한 하나님의 뜻을 어떻게 하면 만족스럽게 알 수 있을지 깊이 생각하고 있는 중이었다. 나는 하나님이 분명히 그분의 뜻을 일러 주시리라고 확신했다. 그러므로 주님이 원하시는 때에 이 일에 관해 우리가 나아갈 길을 밝히 보여주실 때까지 믿음으로 인내하며 기다리고 싶다.

오직 주님만 바라기

12월 26일 지난번 일기를 쓴 이후로 15일이 지났다. 그때 이후로 나는 날마다 이일에 관해 기도하며 하나님의 도우심으로 상당히 진지한 마음을 가지고 하나님을 앙망했다. 그동안 이 문제가 내 마음에서 떠난 적은 한 순간도 없었다. 하지만 기도가 응답될 기미는 전혀 보이지 않고 있었다. 나는 누구와도 이 문제에 관해 얘기를 나누지 않았다. 나의 사랑스런 아내와도 이 일을 놓고 지금까지 얘기를 나눈 적이 없다. 이때부터 나는 침묵을 지키며 하나님께만 이 문제를 놓고 기도 드리고 있다. 그 이유는 외적 영향이나 흥분된 상태로 인해 하나님의 뜻을 분명히 확인할 수 없는 사태가 생기는 것을 방지하기 위해서이다.

나는 하나님께서 그분의 뜻을 분명히 보여주시리라고 온

전히 확신하며 평안한 마음을 유지하고 있었다. 저녁 기도 시간이 되었을 때 다시 한번 하나님의 뜻을 밝히 알려주시기를 간구했다. 지금도 분명히 밝힐 수 있거니와 '제가 이 일에 미혹되는 일이 없도록 인도하옵소서'라고 끊임없이 기도드리는 동안 내내 결과가 어떻게 될지 의심하는 마음은 조금도 없었다는 것이다. 심지어 하나님께서 이 일을 그만두라고 말씀하시더라도 나는 전혀 의심하지 않았을 것이다.

하지만 지금은 가장 중요한 결정을 내려야 할 단계이므로 너무 조심스러운 태도로 신중하게만 이 문제를 다루어서는 안되겠다고 생각했다. 나는 이 문제에 대해 조금도 서두르지 않았다. 고아원을 확장하는 것이 주님의 뜻이라면 이 일에 한 걸음도 내딛지 않은 채 누구에게도 이 일에 대해 한마디도 입밖에 꺼내지 않은 상태에서 하나님의 은혜로 앞으로도 몇 년을 더 기다릴 수 있다. 반면에 주님이 공사에 착수하라고 말씀하신다면 내일이라도 당장 일을 시작할 마음의 준비가 되어 있었다. 사라지거나 흔들리지 않는 이 마음의 평온함, 이 문제에 대해 내 자신의 뜻을 모두 버린 상태, 이 일을 통해 하늘에 계신 아버지 하나님만을 기쁘게 하고픈 소원, 내 명예가 아니라 하나님의 명예만을 구하고픈 마음의 상태는 내 마음이 육적인 흥분 상태에 놓인 것이 아니라 이 상태를 계속 유지한다면 하나님의 뜻을 온전히 알 수 있겠다는 분명한 확신을 나타내고 있었다. 하지만 이 글을 쓰고 있는 동안에 함께 밝히지 않을 수 없는 사실은 내가 주님에 의해 더욱 더 쓰임받는 영예와 영광스런 특권도 누리게 되기를 간절히 원하고 있었다는 것이다. 나는 젊은 날에 수많은 시간들을 사단에게 종노릇하느라고 허비해왔지만 이제는 이 세상의 순례자로서 남은 여정 동안 내 온 힘을 다 바쳐 하나님을 섬기고 싶을 뿐이다. 내 나이가 벌써 45세 3개월이다. 날이 갈수록 이 세상에 머물 수 있는 날들이 줄어가고 있으므로 온 힘을 다바쳐 주를 위해 일하고싶다. 도움의 손길을 기다리는 수많은 고아들이 아직도 있지 않은가!

그러므로 이 문제로 인해 하나님은 지금도 우리의 기도를 들으시고 응답하시는 분이실 뿐 아니라 과거에도 계셨고 장래에도 계실 것이고 지금도 살아 역사하시는 분이심이 보다 분명히 드러나기 바란다.

이러한 하나님의 모습은 우리의 기도에 응답하심으로써 700명의 고아들이 살 수 있는 집과 그들을 돌볼 수 있는 예산을 주실 때에 더욱 분명히 드러날 것이다. 이 마지막 생각이 내 마음에 가장 중요한 점이다. 주님의 명예는 이 문제 전체에서 내게 가장 중요한 점이었다. 이 문제는 바로 주님의 명예와 연관된 일이었으므로 내가 이 일을 포기함으로써 하나님이 보다 영광을 받으신다면 또 다른 고아원을 세우려는 모든 계획을 백지로 돌리는데 만족할 것이다. 확신하건대 이런 마음의 상태는 성령께서 주신 것이었다. '오, 하늘에 계신 나의 하나님 아버지! 당신의 자녀의 실수로 인해 고통당하지 않으시길 원하나이다. 더구나 자녀의 미혹됨으로 인하여 하나님을 근심케 하는 일이 없게 하소서.' 하나님의 도우심으로 내게 고아원을 지으라고 말하시는 그 날까지 하루도 빠뜨리지 말고 이 문제에 관해 기도로 하나님을 바라기를 계속할 것이다.

주의 말씀에 의지하기

1851년 1월 2일 지난번 일기를 쓴 지 1주일이 지났다. 이 한 주 동안 나는 하나님의 변함없는 도우심을 힘입어 날마다 그것도 하루에 2번 이상씩 또 다른 고아원을 마련하는 문제에 관해 하나님의 인도를 구했다. 이때까지도 나의 기도제목은 '하나님께서 크신 긍휼을 베푸셔서 저로 하여금 실수하지 않도록 지켜주옵소서.' 이었다. 지난주 성경 읽기 시간에는 잠언을 읽었는데 3장 5-6절 말씀이 나의 기도제 목에 관해여 새로운 용기를 북돋아 주었다. "너는 마음을 다하여 여호와를 의뢰하고 네 명철을 의지하지 말라 너는 범사에 그를 인정하라 그리하면 네 길을 지도하시리라" 하나님의 은혜를 힘입어 나는 범사에 주님을 인정하고 있다. 특히 고아원 확장 문제에 관해서는 더욱 하나님을 인정하고 있다. 그러므로 나는 하나님께서 고아원 사역에 관해 나의 길을 지도하시리라고 기꺼이 확신한다. 계속 읽어 가는 동안에 11장 3절 말씀에 이르게 되었다. "정직한 자의 성실은 자기를 인도하거니와 사특한 자의 패역은 자기를 망케 하느니라"는 말씀이 감동을 주었다. 하나님의 은혜에 힘입어 나는 정직한 자세로 이 일을 해왔다.

나의 솔직한 목표는 하나님께 영광을 돌리는 것이다. 그러므로 하나님께서 나를 바른 길로 인도하실 것이라고 확신한다. 계속 읽어 나가는 가운데 16장 3절 말씀도 감동을 주었다. "너의 행사를 여호와께 맡기라 그리하면 너의 경영하는 것이 이루리라" 나는 나의 행사를 여호와께 맡긴다.

그러므로 나의 경영하는 것이 이루어지리라고 확신한다. - 말씀을 묵상하고 적용하는 가운데 나의 마음은 더욱 더 평온하고 고요한 상태를 잃지 않으며 주님께서 나를 고아원 사역에 앞으로도 사용하기 위해 겸손하게 낮추실 것이라는 굳은 확신에 이르게 되었다. '주여, 당신의 종이 여기 있나이다.'

평안한 마음을 확인하기

조지 뮬러는 700명의 고아들을 위해 또 다른 고아원을 세워야 할 이유 8가지와 세우면 안될 이유 8가지를 종이에 써 내려갔다.

지금부터 소개하는 것은 고아원을 세우는데 찬성하는 8가지 이유 가운데 마지막 이유이다.

고아원 사역의 확장을 놓고 기도하는 가운데 다른 고아원들을 세울 때 경험했던 것과 같이 내 영혼에 평안과 행복이 사라지지 않았다. 이런 마음의 상태는 고아원 확장을 추

진하는 근거로서 내게 특별히 중요했다. 평안하고 고요한 마음으로 이 문제에 대해 기도하며 숙고해온 지난 8주 동안 고아원 부지를 확장하려는 뜻을 생각할 때마다 내 영혼은 평안하며 행복했다. 이처럼 내 마음의 모든 생각을 하나하나 살피며 이 일로 인해 미혹되거나 실수하지 않고 하나님의 말씀에만 의지하도록 인도해 주시길 날마다 간구한 후에, 주님이 고아원 사역에 더욱 사용하시려고 나를 겸비하게 낮추시려는 뜻이 아니라면 영혼의 평안과 행복을 주시지 않았을 것이라는 판단을 내리게 되었다.

하나님 뜻에 일치하는지 확인하기

그러므로 나는 성령의 인도하심 가운데 고아원을 확장해야 할 8가지 이유에 근거하여 가진 것 없고 가장 자격없는 주의 종이 고아원 사역을 통해 하나님을 보다 많이 섬기는 것이야말로 하나님의 뜻이라는 결론에 이르게 되었다. 그것은 또한 내가 원하는 일이기도 했다.

5월 24일 1850년 12월 5일에 내 마음의 고백을 쓰기 시작한 때부터 오늘까지 92명 이상의 고아들이 신청해 왔고, 78명은 이미 입학을 기다리고 있다. 하지만 고아원 사역이 점점 더 널리 알려지면서 그 숫자도 신속히 늘어났다.

    지금까지 기록해 온 여러 가지 근거에 의해 나는 고아원 사역을 확장하여 700명의 고아들을 수용할 수 있을만한 커다란 고아원을 새로 지어 살아 계신 하나님께 찬양과 영광을 돌리기로 결심했다.

조지 뮬러의 생애

- 1805-1825년 출생에서 회심까지
- 1825-1835년 회심에서 사역의 시작까지
- 1835-1875년 주요 업적을 남김
- 1875-1892년 선교 여행 시기
- 1892-1898년 만년의 삶

주요사건으로 본 조지 뮬러의 생애

- 1805년   독일(Prussia) 크로펜슈태트(Krolppenstaedt)출생
- 1825년 20세 독일 할레의 한 가정에서 열리는 작은 모임에 출입하면서 기독교인이 되다.
- 1826년 21세 A. H. Franke의 고아원에 두 달간 머물며 고아원 사역의 필요성을 배움.

- 1829년 24세 런던에 있는 유대인선교회(현재 유대인 선교교회의 전신)에 참여하다.

  데번 주(州)(잉글랜드 남서부)의 테인마우스에서 요양 중인 헨리 크레이크를 만나 형제단 운동에 참여하고 은혜론을 처음으로 받아들임.

- 1830년 25세 테인마우스에 있는 에벤에셀교회의 목사로 부임하다.

  메리 그로브즈(앤서니 노리스 그로브즈의 누이)와 데번 주에 있는 액세터에서 결혼하다.

- 1832년 27세 뮬러와 헨리 크레이크(그의 영적 스승이자 동료)가 브리스톨에 있는 기드온 교회의 목사직을 수락하다.

- 1834년 29세 내외성경연구원을 세우다.

- 1836년 31세 브리스톨의 윌슨 가에 30명의 어린이를 위해 첫 고아원을 열고, 그 후 세군데 고아원을 더 열게 되다.

- 1849년 44세 300명의 어린이를 위해 브리스톨 애슐

리다운에 새로운 고아원을 열다.
- 1857년 52세　애슐리다운에 제2 고아원을 열다.
- 1862년 57세　제3 고아원을 열다.
- 1869년 64세　제4 고아원을 열다.
- 1870년 65세　애슐리다운에 제5 고아원을 열다.

  2,000명의 아이들을 200명의 직원들이 돌보다.

  부인 메리 뮬러가 주님 품에 안기다.

  해마다 200명에 가까운 해외선교사들에게 10,000파운드씩 선교후원금으로 보내다.
- 1871년 66세　수산나 생가르(Susannah Sangar)와 재혼하다.
- 1875년 70세　42개국 20만 마일에 걸쳐서 선교 여행을 하다.
- 1878년 73세　미국대통령을 만나기 위해 백악관을 방문하다.
- 1881년 76세　영국 어린이공동체교회의 첫 문을 열다.
- 1892년 87세　마지막 선교여행을 마치다.

- 1894년 89세   수산나 뮬러 숨을 거두다.
- 1897년 92세   빅토리아 여왕 즉위 60년 기념일을 맞아 벳새다교회에서 설교하다.
- 1898년 92세   오전 6시 92세의 나이로 주님의 품에 안기다.

숫자로 본 조지 뮬러의 결실

1. 개인경건
- 일생동안 성경 200독(100독은 무릎 꿇고)
- 50,000번의 기도응답

2. 고아원 사업
- 1,500,000파운드의 후원금(750만불)
- 100,024명의 고아들을 돌봄
- 오전 6시 기상하여 일과를 마친 후 저녁 8시면 성경 읽고 개인기도 후 취침.

- 고아원을 떠나 독립하는 시기 - 소년 14세, 소녀 17세

3. 해외선교 사업

- 42개국에 걸쳐 20만 마일을 여행하며 3,000,000명에게 설교함.
- 70세부터 87세까지 선교함
- 선교하는 동안 평균 하루에 한 번씩 설교함.

4. 목회활동

- 브리스톨의 베데스다교회의 목사로 섬기며 부임시 600명이었던 성도를 2,000명으로 부흥시킴.
- 한 교회에서 66년 이상을 목회함.
- 매주 세 번씩 1,000번 이상 설교(1830년-1898년)

5. 내외성경연구원 사업

- 내외성경연구원을 통해 문서보급활동을 활발히 전개
- 280,000권의 성경전서, 1,500,000권의 신약성경, 1억 1,200만권의 신앙주제별 소책자 제작보급.

조지 뮬러의 응답받는 기도

2006년 08월 20일 초판 1쇄 인쇄
2022년 11월 20일 초판 16쇄 인쇄

지 은 이 | 조지뮬러
옮 긴 이 | 장광수
펴 낸 이 | 황성연
펴 낸 곳 | 도서출판 청우
등록번호 | 제 2001-000055호
주 문 처 | 하늘물류센타
주　　소 | 경기도 파주시 광탄면 혜음로 883번길 39-32
전　　화 | (031)906-0011 | 팩스(0505)-365-0011
I S B N | 978-89-85580-74-4 03230

이 책은 저작권법에 의해 보호를 받는 저작물이므로 무단전재 및 복제를 금합니다. 잘못 만들어진 책은 구입하신 서점에서 바꾸어 드립니다.

책 값은 뒤표지에 있습니다.